求索天地间

欧阳自远自传

欧阳自远 — 著

中国大百科全书出版社

图书在版编目（CIP）数据

欧阳自远自传 ：求索天地间 / 欧阳自远著. -- 北京 ：中国大百科全书出版社，2021.7
ISBN 978-7-5202-0993-9

Ⅰ. ①欧… Ⅱ. ①欧… Ⅲ. ①欧阳自远－自传 Ⅳ. ①K826.14

中国版本图书馆CIP数据核字(2021)第107841号

欧阳自远自传：求索天地间

出 版 人　刘国辉
策 划 人　刘金双　朱菱艳
责任编辑　海艳娟
审　　稿　庞之浩　朱菱艳
版式设计　郑若琪　管　斌
封面设计　今亮後聲 HOPESOUND 2580590616@qq.com · 任晓宇
责任印制　邹景峰
出版发行　中国大百科全书出版社有限公司
（北京市阜成门北大街17号　邮编：100037　电话：010-88390759）
印　　刷　小森印刷（北京）有限公司
开　　本　710mm×1000mm　1/16
印　　张　15
版　　次　2021年7月第1版
印　　次　2021年7月第1次印刷
字　　数　144千
书　　号　ISBN 978-7-5202-0993-9
定　　价　78.00元

我有幸生活在这个伟大的时代，发自内心地感恩伟大的祖国。我深深地感受到，个人成长离不开国家的发展。国家的建设和民族的振兴，引领、培育并激励我不断进步，勇往直前。老骥伏枥，壮心不已。我要继续为中华民族的伟大复兴，为把我国建成富强民主文明和谐美丽的社会主义现代化强国，奋斗终生！

——欧阳自远

目录

一　**学地质，去找矿　011**

苦难的童年　012

读“野书”的疯狂时期　014

敲锣打鼓迎解放　015

我要学地质　018

勘探队员之歌　022

孤军奋战的研究生　029

二　**从青梅竹马到幸福家庭　035**

青梅竹马　036

遥远的思念　038

“天上掉下个林妹妹”　039

结婚新房中的大树　042

幸福家庭　045

三　**为空间时代的到来做准备　047**

苏联发射第一颗人造地球卫星　048

“天外来客”——陨石　051

平流层收集宇宙尘埃　058

研究“阿波罗17号”月球样品　061

四　地下核试验选场与防止地下水污染　065

艰巨的任务　066

地下核试验选场　069

一小袋葡萄干泄露行踪　072

搬迁到“大三线”——贵阳　073

防止地下水污染的模拟实验　077

1969年9月23日夜　079

五　小行星撞击地球的“祸”与“福”　083

小行星撞击地球概况　084

太阳系小行星的分布　087

通古斯大爆炸之谜　089

八次科学考察　091

恐龙灭绝的罪魁祸首　094

意想不到的“福祉”　099

规避小行星撞击地球　102

六　世界月球探测高潮　105

世界第一次月球探测高潮概况　106

美国实施“阿波罗”载人登月计划进展　108

惊世骗局与真相大白　112

七　难以割舍的探月情　119

振兴地球化学研究所　120

我要在贵阳坚守　124

探月情深　128

八　中国探月工程的进展　131

35年的科学研究储备（1958～1993年）　132

10年的科学论证（1993～2002年）　134

绕月探测——“嫦娥一号”与“嫦娥二号”　138

落月探测——“嫦娥三号”着陆月球正面　148

落月探测——“嫦娥四号”着陆月球背面　153

月球取样返回——“嫦娥五号”　163

月球演化历史中的两个关键科学问题　166

九　开辟第二“战场”——科普　169

科普也是科学家的责任和义务　170

脚踏实地、用心用情做科普　174

为孩子参加编纂《中国儿童太空百科全书》　179

讲好每一个科学故事　183

十　地球的“姐妹”——火星　187

火星蒙受的“不白之冤”　188

火星人的传说　191

火星概况　193

探测火星的发射窗口期　195

十一　火星探测与火星生命探寻　197
火星探测进展概况　198
跌宕起伏的火星生命探寻　200
在火星陨石中发现疑似微生物结构　206
在火星陨石中发现生物成因碳　210

十二　中国首次自主火星探测　213
中国“萤火一号”　214
“天问一号”火星探测器　217
中国首次自主火星探测的科学探测任务　222

十三　向太阳系的星辰大海挺进　225
当代的深空探测是太阳系探测　226
10年内中国太阳系探测初步设想　228
太空资源开发利用　233

十四　让梦想远航　235

欧阳自远简历　238

一
学地质，去找矿

我在母亲难产的痛苦煎熬中来到了人世间，我的童年是在被日本鬼子追杀的逃难中、在流浪和恐惧中度过的。从1946年念初中开始，我进入了一个没有理想追求、疯狂读“野书”的时期。1949年，我们欢天喜地迎来了解放，“解放区的天是明朗的天”，新中国的诞生、国家的发展，激励着我们年青人为建设工业化的国家而献身。1952年，我违背父母的意愿报考北京地质学院，我想学地质，去找矿。在四年的大学学习与生活中，学校教育我们要艰苦朴素、实事求是，“热爱专业、夯实基础、胸怀大志、报效祖国”成为我们终生遵循的座右铭。大学毕业后，国家分配我攻读研究生，我迈进了研究地球科学的行列。

苦难的童年

乙亥年十月初九（当时民间都使用农历，也就是“中华民国”二十四年，即1935年），我出生在江西省吉安市我的外婆家。当时我的母亲难产，临产时等了好久还没有太大的动静，助产士只好用产钳把胎儿夹出来。后来母亲告诉我，胎儿出来后全身发紫，助产士把我倒提起来，拍拍屁股，我才大声哭起来。恰好我的舅舅就在隔壁房间里念《论语》，读到“有朋自远方来，不亦乐乎”时，他听到哭声，感叹道：“这个孩子到世界上来得太艰难啦，一定是来自很远的地方，就叫他‘自远’吧！”于是我的大名就叫欧阳自远。

当时家人还要给我取一个小名，一般人们都用动物名给孩子取名，认为名字寓意低贱，以后好养大。父母商量好之后，我的小名就叫“猫仔”。等我长大成人，甚至人到中年，长辈和同学仍然叫我“猫仔”。

我出身于医药世家。早年我的祖父欧阳元魁带着我的奶奶郑爱莲、父亲欧阳志云和叔叔欧阳景云，离开老家江西弋阳县来到吉安，投奔在吉安开“九州大药房”的亲戚。我的父亲在药房做学徒，跟随老医师学习疾病诊疗和用药，兼做药房杂务。父亲起早贪黑，勤奋工作，待人真诚，虚心学习，认真看病，救死扶伤。出

欧阳自远周岁生日照

师后，父亲已经能够独当一面，治病救人，声名鹊起。后来他一再告诉我，干一行就要喜欢一行，要学到真功夫，来不得半点“花架子”，才对得起自己的良心和病人。

20世纪30年代开始，日本帝国主义疯狂侵略中国，中华民族陷入将要沦为亡国奴的危险境地。日本鬼子所到之处都被烧光、杀光、抢光，他们穷凶极恶，惨无人道。20世纪40年代，日本强占了中国北部大片领土之后进攻中部和南部，逐步逼近江西，父母只好带着我逃难。日本鬼子荷枪实弹追赶手无寸铁逃难的老百姓，天空中的日本飞机对老百姓狂轰滥炸，尸横遍野，惨不忍睹。我们从吉安逃到永阳镇、永新县，再到兴国县，我的童年就是在这种颠沛流离和苦难煎熬中度过的，我的小学阶段也是在这种动荡不安的环境中度过的。强烈的复仇感使我认识到，一个国家、一个民族衰弱，人民就会受人欺凌、任人宰割，就会沦为亡国奴，国家就会亡国灭种。中国人民一定要站起来，中国一定要强大起来！我们只能靠自己，自己要争气，自己要努力，自己要拼搏，自己要奋斗！

1945年，日本投降了。父亲带着全家回到永新，也开了一间“九州药房”，给老百姓看病用药维持生计。由于父亲的工作比较稳定，我的爷爷、奶奶和叔叔也相继来到永新相聚。我读完小学后，于1946年进入永新中学读初中。

读“野书”的疯狂时期

1946年夏天，我被录取在省立永新中学念初中。有四件事情令我记忆犹新。

第一，父亲教我拉二胡。父亲拉得一手好二胡，晚上没有什么事情的时候，父亲一个人静静地拉响二胡，悠扬的琴声把人带进了幽静、圣洁和令人遐想无限的世界。他要我首先掌握基本功，一定要学会拉刘天华的《良宵》《光明行》和阿炳的《二泉映月》等曲子。

第二，叔叔教我认字。叔叔的中国文学、历史和哲学造诣颇高，写得一手漂亮的书法。每天晚饭后，叔叔给我讲半个小时的汉字。他先用硬纸片剪出硬币大小的圆形，写上一个字。他让我每天学10个字，给我讲解每个字的读声和意义，每周日要进行总复习和抽查考试。这段学习经历，使我感受到中国文字的丰富内涵和无穷魅力，加深了我对中文的喜爱与兴趣，提高了我的阅读和理解能力。

第三，到书店看书。每天上完课，我都会去永新县的一家书店，将书包丢在地板上，找到一本书后就坐在书包上看。我喜欢看《三国演义》《水浒传》《西游记》《东周列国志》《隋唐演义》等经典作品，尤其喜欢历史演义小说，唯有《红楼梦》看不懂，没有兴趣看下去。每天都是等到书店的老板提醒“小鬼，该回家吃晚饭啦”，我才依依不舍地把书放回书架，回家吃饭。

第四，书店有一些科普书，还有《科学》杂志，杂志里天文地理、数理化、生物医学等知识应有尽有，我每期都要看完才尽兴。

我深深地感到，我的中学是读“野书”的疯狂时期。

敲锣打鼓迎解放

1949年7月底，张国华将军带领中国人民解放军第二野战军18军，解放了他的故乡——永新县。军长张国华是永新县怀忠乡人，年青时参军并参加了两万五千里长征。夜里，解放军战士进驻永新县城，静悄悄的，无人知晓，战士们躺在屋檐下休息。天一亮，住户一开门，发现解放军战士“天当被，地当床”，称赞他们“爱百姓，一家亲”。解放军告诉老百姓，永新县城解放啦！老百姓放鞭炮，敲锣鼓，迎亲人，庆解放。18军文工团的同志教我们青少年唱“解放区的天是明朗的天，解放区的人民好喜欢……”，我感到自己进入了一个光明灿烂的新世界。解放军告诉乡亲们，为庆祝八一建军节，隆重的授旗仪式将在县城广场举行，晚上演出《闯王进京》话剧，军民同乐庆解放。亲眼看见了庄严的授旗仪式，我激动得泪流满面，同时也感到中国有希望了，中国有前途了，中国人民会站起来，中华民族会强大！

1949年，我进入省立永新中学读高中。三年的学习历程，使我认识了一批学识渊博、造诣深厚的老师，他们热爱学生、为人师表、以德树人，讲课生动活泼、循循善诱。语文老师刘燕江、地理老师袁家瑞、化学老师贺祖煌、物理老师左大元、英语老师左幼兰……对我影响颇深。我参加工作以后一直与他们保持联系，听取他们的教导。袁家瑞老师长寿至104岁，每一次“嫦娥探月”成功之后，我都打电话向他报告，感谢他的鼓励。由于永新县是红军时期的“湘赣边”政府所在地，任弼时同志曾在永新中学办公，1985年永新中学更名为“任弼时中学”。

高中时期，全国各地开展轰轰烈烈的土地改革运动，为了配合土改运动，学校组织“土改宣传队”下乡宣传土改政策。由于会拉二胡，我参加了宣传队的乐队，有时也与我的邻居邓笑秋一起参加

欧阳自远（后排左4）和邓笑秋（前排左1）参加永新中学下乡宣传队

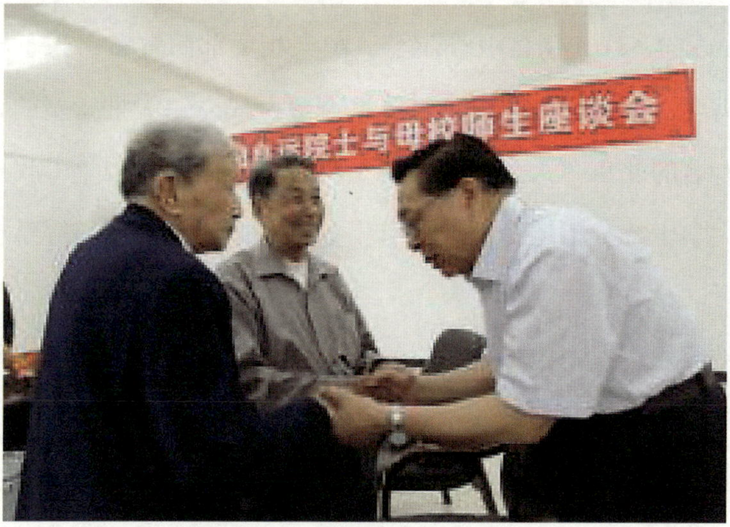

2012年欧阳自远毕业60年后回到母校永新中学，
拜见袁家瑞老师（左）和贺祖煌老师（右）。

一些话剧演出。记得在一幕话剧里，我扮演穷凶极恶的大地主，邓笑秋扮演地主婆，由于没有生活经验，我们只能装腔作势，可老乡们还是给了我们热烈的掌声和极高的赞扬。我们白天背着行李和道具转战各乡镇，下午搭建戏台，晚上演出。演出后，我们睡在乡里的观音庙或土地神庙的地上。虽然每天都很累，但是大家依然精神饱满，干劲十足。我们觉得能为贫苦农民的解放出一点力是非常光荣的，同时深感自身也经历了思想的洗礼和锤炼。

我要学地质

1952年6月，我高中毕业了。国家相关部门宣布，为了配合发展的需要，全国高等院校进行院系调整，成立一大批新型的大专院校。有名的北京“八大院校”就是当时成立的。1952年，我国开始实施大学生统一招生考试，我有幸参加了第一次全国高等学校统一招生考试。

按照规定，每个考生可以填写三个报考志愿。我征求父母的意见，他们坚持要我报考医学类学校，希望我的第一志愿是新组建成立的北京医学院，第二志愿为湖南湘雅医学院，第三志愿为江西医学院。他们期望我做一个医生，继承祖业，治病救人，积德行善，实现小康生活，一生平安。我完全理解父母对我的期望和要求。

我真诚地告诉父母，现在我们已经解放三年了，大家都知道中国要向苏联学习，要不断地发展、强大，人民的生活才会改善。中国要建设成一个工业化的国家，但是“家底”很薄，一穷二白，特别是矿产资源最缺少，没有石油和煤等能源矿产，没有铁、铜等金属矿产。新成立的北京地质学院，开设了普查找矿系、石油系、煤田系、金属和非金属勘探系，目的就是要突破这些关卡。我经常听到广播里播报：“年轻的学子们，你们要去唤醒沉睡的高山，让它们献出无尽的宝藏！”这句话深深地打动了我，我要学地质，去找矿！我一定要为中国的工业化发展做贡献！父母被我的真诚所感动，他们表示尊重我的理想，支持我的选择。

最终，我按自己的想法填报了志愿：第一志愿，北京地质学院金属与非金属矿产勘探系；第二志愿，南京大学天文系；第三志愿，天津大学化工系。北京地质学院是由北京大学地质系、清华大学地质系、天津北洋大学地质系和唐山铁道学院地质工程系重新调整组建而成的，是我梦寐以求的学校。

1952年6月，全吉安地区各个县的高中毕业生在吉安市白鹭洲中学的大礼堂参加了第一次全国高等学校统一招生考试。永新中学只有高中毕业生16名，同学们三三两两自愿组合，就像过去进京赶考的学子，一人挑一根扁担走路去吉安，扁担的一头是床上用品，另一头是书籍。

永新到吉安的路程有180多里，大约要走三天，我们晚上找一个

1952年，欧阳自远高中毕业准备报考北京地质学院时与父亲欧阳志云（左）合影。

白鹭洲书院侧门

小旅店住下，第二天再赶路。

白鹭洲中学位于吉安市赣江的江心岛——白鹭洲上。江上有一座浮桥从岸边通向白鹭洲，岛上茂密的树林中错落地分布着一些古色古香的建筑物，这就是古代著名的白鹭洲书院。吉安地区有一市十县，每一个县的高中毕业生住一个教室，全地区的高中毕业生不足200人。在白鹭洲中学大礼堂的考场鸦雀无声，不到一个小时就有同学交考卷。当时有一股抢交“头卷”的风气，我也交了一次“头卷”。

考完试后，大家最关心的事情是到底考取了哪个学校。回到永新后大家分别收到通知，录取名单将在报纸上公布。江西属于中

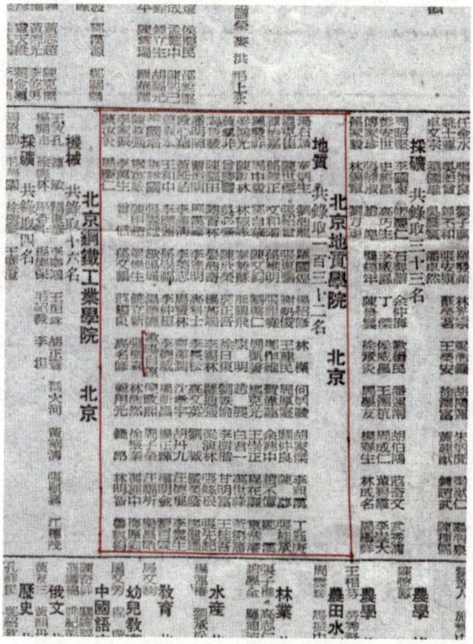
北京地質學院 北京
地質 共錄取一百三十二名
北京鋼鐵工業學院 北京
機械 共錄取十六名
採礦 共錄取四名
採礦 共錄取三十三名
農學
農田水利
林業
水產
教育
幼兒教育
中國語文
俄文
歷史

1952年9月28日《长江日报》刊登了湖北、湖南、江西、广东和广西被录取在全国各高等院校的考生名单，欧阳自远被北京地质学院录取。

南行政区，同属此区的还有广东、广西、湖南和湖北，这五省的考试，将在《长江日报》上统一“发榜”。我们成天往邮局跑，希望早一天得到录取消息。终于有一天，邮局张贴了“发榜”的《长江日报》。由于我的姓名比别的同学多一个字，长一个“尾巴”，所以我的名字很快就找到了，我被录取在北京地质学院。

由此，我开始了终生难忘的大学生活。由于北京地质学院的新教学楼和宿舍楼正在修建，第一学年我们被安排在借用的北京市西城区祖家街原北京大学工学院的校区学习和生活，第二年才搬迁到新校区。

勘探队员之歌

大学生活就像一首充满青春、阳光和梦想的交响曲。我们经常情不自禁、两手有力地打着拍子，自豪地哼唱《勘探队员之歌》，以表达内心强烈的荣誉感和责任感。“是那山谷的风，吹动了我们的红旗。是那狂暴的雨，洗刷了我们的帐篷。我们有火焰般的热情，战胜了一切疲劳和寒冷。背起了我们的行装，攀上了层层的山峰，我们满怀无限的希望，为祖国寻找出富饶的矿藏……”现在，《探测队员之歌》已经正式成为中国地质大学的校歌。

大学生的学习和生活紧张而有序，我怀着浓厚的兴趣学习各门基础课和专业课。只要认真听讲，课后自己总结一下，各门课程都能融会贯通。

习惯了大学的学习与生活之后，如何安排好闲暇的时间却是我遇到的一个难题。各门课程没有参考书可读，俄文和英文的专业书又看不懂。我不愿意参加体育活动，从来没有主动去过篮球场和足球场，不会打篮球，也不会踢足球，更不愿意去操场练习跑步锻炼身体，学校也没有组织任何文艺活动，我只好去图书馆借一些杂书看。

当时社会上传闻，有一本苏联小说《钢铁是怎样炼成的》（尼古拉·奥斯特洛夫斯基著），已经有翻译的中文版，小说讲述了一位苏联战士保尔·柯察金的成长故事。我没有读过苏联的文艺小说，立即到图书馆去借书。管理员从书库把书拿出来给我时，这本书已经破旧不堪，看来有很多人都读过。

我立即回到宿舍，静心读起这本书来，沉浸在保尔·柯察金在艰难困苦环境里锤炼自己、战胜敌人、创造奇迹的成长故事中。这一天，我忘记了吃晚饭，也忘记了去图书馆晚自习。我至今还能够背诵保尔·柯察金的名言：“人最宝贵的是生命，生命每人只有一次，人的一生应当这样度过：当他回忆往事的时候，他不会因为虚度年华而悔恨，也不会因为碌碌无为而羞愧。当他临死的时候，他能够说：我的整个生命和全部精力，都献给了世界上最壮丽的事业——为人类的解放而斗争。”

从此，我开始酷爱阅读苏联的文艺小说，记得在图书馆曾经借到过苏联小说《远离莫斯科的地方》（阿扎耶夫著），小说记述了卫国战争时期，苏联人在大森林里建设输油管道的故事。我特别喜爱小说中的三位主人公——工程局长巴特曼诺夫、总工程师别里捷和副总工程师柯夫少夫。他们性格各异，经常争吵，但为了加快新建加油管，却各尽其能，相互支持，齐心合力，一年内完成了原定三年才能完成的任务。

我以后还陆续看了《青年近卫军》《卓娅与舒拉的故事》《古丽亚的道路》等苏联的文艺小说，这些作品歌颂了为国为民的英雄主义，我受到很大的鼓舞与激励。我也读过高尔基的人生三部曲《童年》《在人间》和《我的大学》，列夫·托尔斯泰的《战争与和平》《安娜·卡列尼娜》和《复活》，肖洛霍夫的《静静的顿河》等名著，它们增进了我对这个国家的了解。

后来我又培养了一个爱好——学唱俄语歌曲，这样既可以学习俄语，也可以丰富自己的课余生活。现在大部分歌曲我都已忘却，还能勉强唱下来一些：《伏尔加船夫曲》《俄罗斯》《莫斯科-北京》《斯大林颂》《有谁知道他》《小路》《山楂树》《莫斯科郊外的晚上》和《喀秋莎》等。

1953年，苏联领导人斯大林逝世，在参加追悼会后，我得到勘探系团总支的通知，我的申请被中国新民主主义青年团（后更名为中国共产主义青年团）总支批准，我成为一名中国新民主主义青年

校园内的勘探队员雕塑像

团团员。1956年2月，我的入党申请经学校党委批准，我成为一名中国共产党预备党员，后按期转正。

1953年，我被评为学校的“三好学生”，后又被评为北京市“三好学生”。

学校为了鼓励我们几个学生，通知我们在暑假期间，学校的巴甫林洛夫等五位苏联专家将带领我们到南京考察地质。我们坐火车到达南京，住在南京大学校园里。

第二天，我们开始野外地质考察，到栖霞山察看地层剖面。苏联专家为我们讲解栖霞山的地层序列、形成环境和著名的二叠系栖霞石灰岩中的化石——纺锤虫的种属与演化。后来我才知道，这是李四光先生早期最著名的研究成果。这一次地质旅行，教会了我在地质考察中如何去观察、分析、思考和研究地质现象。

我学习的专业是金属和非金属矿产勘探，培育目标是金属和

1952年欧阳自远入校后被分配到普查勘探系18班，图为全班同学在教学楼前合影。

非金属矿产勘探工程师。每年的暑假，按教学计划学校安排我们进行教学实习或生产实习。在第一年的地形测量实习中，我学习了如何使用测量仪器，测绘出一张精确的地形图。当时最好的计算工具是计算尺，但是计算步骤繁杂，效率太低。我利用计算尺的原理，绘制了一种图解的方法，简便易行。在第二年的生产实习中，我到地质队的钻探队学习钻探技术，到挖掘坑道的场地学习坑道掘进技术。在第三年的毕业实习中，学校分配我到河北省寿王坟铜矿进行毕业论文研究。

经过半年多的研究，我完成了毕业论文《河北省寿王坟矽嘎岩型铜矿床的成因与找矿方向》，经答辩委员会审定，我的毕业论文和论文答辩成绩优秀。

1954年，矿产地质勘探系的矿床教研组组织了学生科研小组，培养和提高学生的学习兴趣与科学研究能力，我参加了“湖南桃林铅锌矿研究小组”，老师只能在实验室讲解矿石标本，做一些实验室的观察研究。

1955年，学校学生处的领导告诉我，苏联找矿勘探专家拉尔钦柯要去矿区检查他的中国研究生的研究工作，要我跟着拉尔钦柯做

1956年毕业后，欧阳自远和同学在北海公园愉快相聚。

见习研究生，学习怎样做野外矿床研究。我静悄悄地跟着拉尔钦柯的队伍去了几个矿区。拉尔钦柯性情急躁，容易发脾气训斥学生，要求我们上山不准掉队，不准带水壶，大家对他有些畏惧，常敬而远之。但是，每看到一处有意义的现象，他都要向研究生详细说明，再进一步耐心地讲解，特别是对一些细节解释得合情合理，把矿石形成的过程描述得惟妙惟肖，解析得透彻清晰。他再三强调，野外现场观察和研究要收集第一手资料，这是实验室工作和研究工作的基础，年轻学生首先要学会做野外地质工作，取得第一手有科学价值的资料。我受到很大的启发和鼓励，体会到对地质现象的观察、思考和理解要细致周到。

1956年6月，学校发给我《北京地质学院毕业证书》，并告诉我，我的毕业证书不是一般的毕业证书，根据我四年的学习成绩和毕业论文的成绩，证书上多盖了一个“优秀”红色大章，属于“优秀毕业证书”。

学校管理学生的领导通知我：“学校决定，你毕业后的工作是跟随在学校工作的苏联专家拉第斯教授，做他的地球化学副博士研究生（按照苏联的研究生制度，副博士研究生也就是硕士研究生），同时兼任矿物教研室助教。这是通知书，赶快去报到。”我恳求说：“我要去地质队找矿！”领导说：“要服从组织分配。”

1998年院士大会期间，北京地质学院的老师和毕业于学校的学生合影留念。
前排左起：殷鸿福、马杏垣老师、杨起老师、郝怡纯老师、杨遵仪老师、王鸿祯老师、於崇文老师、赵鹏大老师、叶大年。
后排左起：刘宝珺、欧阳自远、汪集旸、李廷栋、张弥曼、马宗晋、傅家谟、程国栋。

孤军奋战的研究生

1956年10月，拉第斯教授因故要回国。学校领导找我谈话：“你没有导师了，刚好明年初要举行第一次全国副博士研究生统一招生考试，你这块‘料’还是去考研究生吧。”我只好去参加考试，报考了中国科学院地质研究所从事矿产资源研究的涂光炽教授的研究生。

很幸运，考试后我被录取在中国科学院地质研究所，从事矿床学研究。涂先生第一次约我谈话，开门见山地问我："你对什么类型的矿产研究有兴趣？"我说："我很想研究长江中下游矽嘎岩型铁矿和铜矿的成因及找矿方向。铁和铜是中国钢铁工业和电器工业未来发展需要的主要资源，长江中下游的地理位置有特殊意义。"他说："你有兴趣，这个方向又值得研究，研究生论文的题目就这样定了。"涂先生又说："出野外考察、采集样品、要做哪些实验室研究等，写一个计划给我。我工作比较忙，在学术上和实验室工作上有什么问题，可以直接找苏联专家苏斯洛夫教授商量、讨论。"

以后我便开始了孤军作战的研究生生涯。大学毕业生一般没有独立工作的经验和能力，通过研究生阶段要学会独立工作。我要学会查阅文献，理解和熟悉国内外同领域的研究进展及主要成果；要学会制订研究计划，特别是明确区域地质、矿区地质和矿体地质的研究重点与采集样品的要求；要熟练使用实验室各类仪器，掌握数据的数量与质量要求，还要确定论文编写提纲和要求等。全部研究工作都要亲自操作、自己完成，这是培养和提高独立工作能力的最有效手段。

长江中下游的矽嘎岩型铜矿和铁矿，主要分布在安徽省的"铜都"铜陵市的铜官山、狮子山、凤凰山等矿区和马鞍山铁矿区，以及湖北省的大冶、阳新等矿区。1957年夏天，我第一次一个人出差，去安徽和湖北相关的矿区进行地质调查和研究，收集成矿的地质条件、成矿环境与成矿过程的科学证据，采集有科学价值的样品，回到研究所进行各项实验室的分析测试。

比较艰苦的地质调查是在矿区的地下坑道里进行的。矿区矿务局根据矿体的形状和深度，首先挖掘一个大竖井，每30～50米深度挖掘一层可以到达矿体不同方位的平面坑道系统。地质勘探队或矿山开采部门要挖掘多层的坑道系统。大竖井是运输矿石的通道，地质调查人员只能通过多层坑道系统之间的通风井用小梯子爬上爬下。通风井狭小且没有灯光，只能容纳一个人垂直上下。平面坑道里灯光暗淡，地面积水，走起路来双脚要泡在水里。但是在坑道的顶棚和两壁，各种成矿的现象应有尽有，清晰极了。

我全副武装，准备了地质锤、放大镜、罗盘、地质背包、记录本、铅笔、军用水壶、午饭（两个馒头加咸菜）、坑道里统一使用的小矿灯、安全帽和相机。小矿灯的使用原理是用电石加水产生甲烷，在喷口处点燃出一个小火苗。找到关键性的成矿现象，在昏暗的坑道里，我只能用闪光灯照相。当时拍一张照片要炸毁一个镁光灯灯泡，每一次进坑道，我只能带三个镁光灯灯泡，拍三张照片。每拍一张照片，我都要考虑再三，希望每一张照片都能用在毕业论文中。我每天上午7点进坑道，晚上7点出坑道，背着沉重的装样品的大背包回到驻地。吃过晚饭后，我整理记录样品、登记编号等。

我每天都感到收获满满，又哼唱起《勘探队员之歌》。

在野外和矿区工作两个月后，我回到研究所，运回采集的研究样品七大木箱，开始进行室内分析、测试工作，同时利用空余时间完成有关考试任务。当时的研究生考试形式不是笔试，而是口试。

涂先生通知我，下个月进行岩石学考试。他递给我一张纸条，开了一张书单，告诉我到图书馆把这5本书借出来，好好研读，准备考试。我一看书单，3本英文书、2本俄文书，都是关于理论岩石学、岩浆岩、火成岩分类和岩浆演化的经典著作。我第一次参加研究生考试，也第一次看到涂先生穿西装。考试由涂先生主持，4位考试委员整齐地坐在涂先生两侧，涂先生说明考试要求之后，几位考试委员分别提问题，我立即回答。大约一个半小时后，我离席，考试委员会评分，考试结束。考试委员会秘书宣布，考试成绩5分，达到优秀水平。我估计一年后，也就是1958年我能够完成研究生论文。

1958年，全国掀起了“大跃进”运动的高潮。1959年，“大跃进”运动仍然风云激荡。中国科学院决定，我们这一届副博士研究生统一在1960年毕业。

1960年，中国科学院地质研究所办好了派我去苏联攻读副博士研究生的全部手续，安排我跟随苏联科学院柯尔任斯基院士研究矽嘎岩型矿床的双交代成矿理论，但是我必须要完成北京外语学院留苏预备部的俄语培训，并通过考试，培训时间是三个月至一年。

我中学时期学过英语，大学时期学过俄语。在大学期间，我看

1956年，欧阳自远毕业于北京地质学院。

1957年，欧阳自远被中国科学院地质研究所录取为副博士研究生。

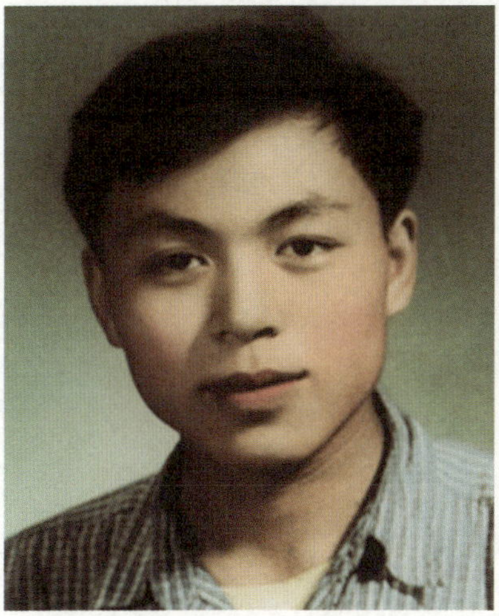

1960年，欧阳自远研究生毕业。

1966年，欧阳自远搬迁到新成立的中国科学院地球化学研究所（贵阳）。

了很多翻译成中文的苏联小说，也学唱俄语歌曲，大概会唱100多首俄语歌曲。

在留苏预备部学习俄语时，老师经常提问，我们必须用俄语回答。老师问到我的时候，我立即在几首歌曲的歌词里选择几句回答。有一次老师问我："你准备去苏联学习什么专业？"我回答说："要学习地质成矿理论。"她很失望地说："可惜啦！你应该学俄罗斯文学。"我很愧疚地说："老师，对不起，您误解了，我是把歌词拼凑起来回答的，我没有这么高的俄语水平。"三个月后，我通过考试，立即回到研究所预订去莫斯科的火车票，购置服装。由于中苏关系此时已经进入激烈论战阶段，最后留苏计划没有成行。现在我庆幸没有成行，不然可能更加难过"文化大革命"这一关，也没有可能进军月球与行星的探测及研究领域。

1957年10月4日，苏联成功发射世界第一颗人造地球卫星，拉开了人类空间时代的帷幕，这股强大的"冲击波"激励并推动了我迈向另外一个崭新的领域——向太阳系的星辰大海挺进。

二
从青梅竹马到幸福家庭

我有幸在孩提时期与邻居的一位小女孩“笑丽”一起玩耍，青梅竹马，情趣相投。1951 年，她报名参加抗美援朝战争，在中国人民解放军军事干部学校参加培训，后被分配在中国人民解放军第四军医大学学习，毕业后留在第四军医大学附属医院工作。5 年多来，我们只能书信联系，告知各自的成长与磨炼，倾诉相互的思念与牵挂，探讨未来的生活与憧憬。1956 年，笑丽神奇地出现在北京，我们在匆匆见面的一天时间里，商定了终身大事。她立即赶回西安，我们又恢复了“两地书”的平凡日子。1958 年，机缘巧合之下我们在北京结婚。“尴尬”的结婚新房，为我们留下了美好回忆，激励我们努力工作、快乐生活。现在我们结婚已经 63 年，培育了一个幸福美满的大家庭。

青梅竹马

日本鬼子投降后，我家结束了颠沛流离的逃难生活，回到永新县。在县城唯一的“大街”上开了一间小药房“九州药房”。我家对门是一家制作兼销售糕点的小作坊。老板邓仁轩是永新县有名的大好人，为人诚实和善，做生意童叟无欺，敢于主持公道，人们称赞他为“胡子伯伯”。

“胡子伯伯”有一个女儿，新中国成立后她在永新中学念初中，我在永新中学念高中。平时在家里，她要到河边用两个大水桶挑水供给一家人用水，要帮助妈妈烧柴火做饭，还要打扫卫生等，到了晚上才能在小油灯下做作业。虽然她每天都很劳累，但是她漂亮的小脸上永远挂着天真的微笑，使人感到她是活泼、可爱的小天使。

我的奶奶有一双小脚，三寸金莲，走路摇摇晃晃，小女孩看见她会立即跑过去，帮奶奶拿东西，搀扶着老人家慢慢走到家里。老奶奶特别喜欢这个永远微笑的小女孩，对她说：“我以后就叫你‘笑俚’（由于发音相同，有时候也写成‘笑丽’）吧！”不久“笑俚”这个名字就传开了，成为她的小名。她的大名叫“邓笑秋”。我和笑俚也经常在一起聊天、唱歌、交流学习、争论问题，真是两小无猜，情趣相投。

1950年，抗美援朝战争爆发了，国家要培养一批年轻的军事干部充实部队。1951年，国家军事干部学校在中学生中招生。16岁的邓笑秋和家人商量报名参加军事干部学校，并被录取。永新中学在大操场上举行了盛大的欢送会。我看到邓笑秋胸前挂了一朵大红花，意气风发又依依不舍地告别故乡。我们两个人有一条约定，即不论到什么地方，都要写信联系。

大约一个月之后，我收到她的来信。她告诉我，离开家乡之后，坐了几天的汽车，她们再搭乘火车到了西安，现在在中国人民

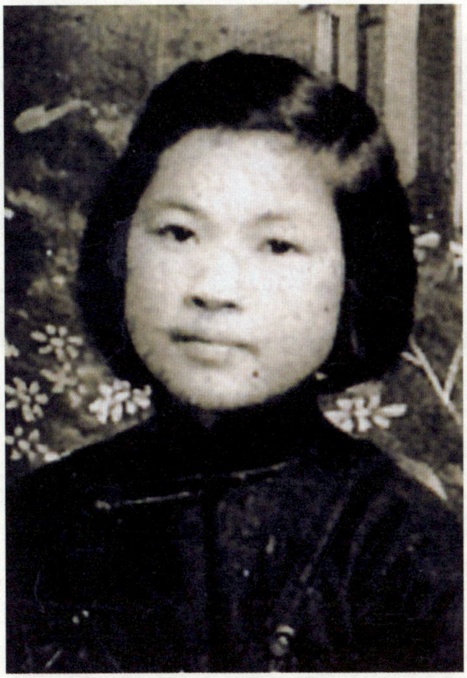

少女邓笑秋

解放军第四军医大学学习护理专业。她们力争三年毕业后参加抗美援朝战争。没有想到，1953年7月27日《朝鲜停战协定》签署，那时她还没有毕业。毕业后，她没有机会参加抗美援朝战争，被分配到第四军医大学附属医院眼科担任护士。

遥远的思念

自从她离开永新，我日思夜想、心神不定，她的身影总是在脑海里忽隐忽现。她是去了朝鲜战场，还是去了什么地方？收到她的第一封来信后，我立即回信，告诉她我的牵挂和思念。

我们大约一个月写一封信相互问候。1951～1956年，自我从永新中学毕业到北京地质学院毕业，没有间断过，我们也没有机会见面。我们有时会告诉对方自己学习的体会与进步，对一本好书的理解与评价，做错一件事情后的自责和悔过，取得成绩时的喜悦和感恩，遇到问题时的迷茫和无助，对未来的憧憬和设计……记得我曾经告诉她，将来我如果能找到一个大铜矿，进行机械化勘探和开采，建立一个大型现代化矿山，国家的资源就会有保障，“我们就在矿山养老，你给矿工看病，我给他们的孩子上课，培养孩子们成才！”

书信传达了我们对彼此的思念，加深了我们之间的理解，双方的父母、同事和同学都知道我们是一对相亲相爱的恋人。

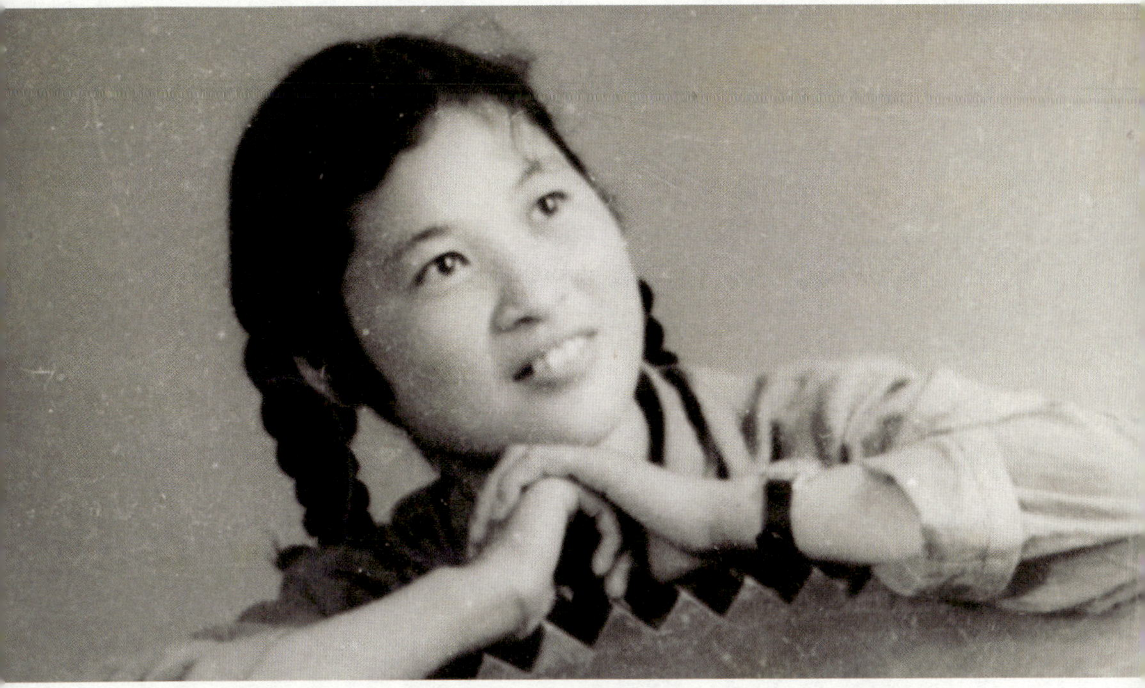

1952年，邓笑秋在西安人民解放军第四军医大学学习。

“天上掉下个林妹妹”

时间过得太快，至1956年暑假，我离开江西老家已经有四年，我没有时间也没有经济能力回江西永新探望父母，内心十分愧疚。幸好他们当时都有了正式工作，成为国家的工作人员，父亲是乡村医院的医生，母亲是助产师。而我现在又要准备接受副博士研究生学习的新挑战。我只能给他们写信，请求他们谅解。

还有我的女朋友笑秋，自从1951年我们在江西永新中学操场离别，到她在西安第四军医大学学习，毕业后留在第四军医大学附属医院工作一共也有五年，我们一直保持书信来往再也没有见过面，我的内心也很思念她。

有一天晚上，晚自习下课的铃声刚刚响过，我正在图书馆收拾书籍和笔记本，一位同学告诉我，传达室来了一位女生要找我。我真不知道这么晚了还有谁找我。我赶紧跑到传达室，一见是笑秋，啊! 真是“天上掉下个林妹妹”！看到她一身军装，人长高了，飒爽英姿、英俊秀丽、聪慧柔情。我赶紧拉着她的手，背上行李，走向男生宿舍楼。我一路走一路问她：“吃晚饭了吗？你怎么敢一个人到北京来？人生地不熟，到了北京前门火车站，离学校还有几十里路，你怎么就一个人到了学校？”

她还是满脸笑容地回答：“路是‘长在嘴上’，到处都有好人。火车到了北京前门火车站后，我一出站在广场上找不到公共汽车，看到一辆载人的三轮车，老师傅在车上等人要车，我跟老师傅商量能不能拉我去北京地质学院。老师傅上下打量我一番，说：‘小姑娘上车吧，两块钱，路远时间长一点。’他一路给我介绍北京的风光，到了学校传达室，老师傅一再嘱咐传达室一定要帮助我找到那个人，就这样我到了学校。”

她接着说：“我在部队第一次请了探亲假，回到永新看望老妈。你知道，我参军不久，老爸查出肝癌晚期后不久就离世了。

我妈一个人带着两个弟弟和两个妹妹，我每个月的工资都寄给妈妈养家糊口。现在弟弟妹妹们都长大了，大妹妹也上大学了，以后会一天一天好起来。这一次我是从江西永新探完亲后来北京看你，明天就回西安。”

我赶紧找到班里的一位女同学，请她帮助在女生宿舍楼找一个床位给笑秋，让她好好休息一夜，明天她还要去西安。第二天一早，我送笑秋去公交车站。我们两人商定，明年或者后年找一个合适的时间在北京办好我们的终身大事——结婚。

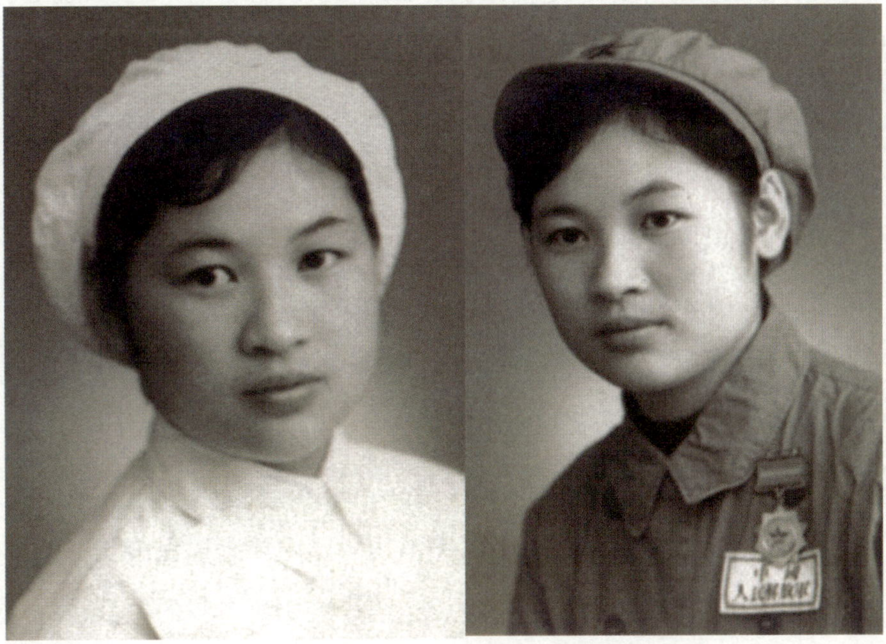

1956年，邓笑秋在西安第四军医大学附属医院工作。

结婚新房中的大树

1958年是国家实施解放思想、“大跃进”运动的一年；是我的研究生研究工作实际上即将完成的一年；也是人类进入空间时代，我的研究方向从地质矿产转向地外物质和月球行星探测的一年；还是我和笑秋组成新的家庭，承担新的社会责任的一年。

1957年，国家筹备1958年成立宁夏回族自治区的大事。宁夏地区经济欠发达，科学和技术人才匮乏，需要西北各省（区）的大力支援。第四军医大学支援组建宁夏回族自治区人民医院，第四军医大学附属医院组织各专业医护人员转业到在银川的宁夏回族自治区人民医院任职。邓笑秋转业到宁夏回族自治区人民医院眼科工作。

1958年10月，为庆祝宁夏回族自治区成立，自治区政府在北京举办了全面介绍宁夏的大型展览会，分配邓笑秋为讲解员，介绍自治区的一部分展板内容。她事先告诉我，将在北京停留大约3个月，住在北新桥的华侨大厦。我提议能不能把终身大事办了，她完全同意。

她到达北京后，我们抽空到西城区婚姻登记所办理了结婚证书。她告诉我，“笑秋”这个名字不用了，她要永远保留儿时的美好回忆，“记住童年的天真与纯洁，纪念老奶奶对我的关爱，将这份爱永远埋在我的心底。你还是叫我‘笑俚’吧。”她转业时改名为“邓筱兰”。

由于我一直住在集体宿舍，没有单独住所，我找到研究所总务科的刘科长，请求他暂时分给我一间房子结婚用三个月，他的回答很明确：“没有，半间都没有！”吃了一个闭门羹，我垂头丧气地回到办公室。同事们告诉我，你提两瓶酒去就有房间了。我不得不照此办理，刘科长说：“有一间房，很小，房子中间有一棵穿过房顶的大树，你先去看看。”

我走到东城区汪家胡同里的中国科学院宿舍，找到这间房。打开房门一看，房间太小了，只能放一张床和一张桌子；有一个小窗户，室内光线微暗；房子中间有一棵连着树根的大树干，外面刮大风，房间里刮小风；外面下雨，顺着大树干流下来的雨水使房间里满地都是水。我别无选择。

结婚那天晚上，幸好笑秋带回来一条棉被，她说：“我早就知道你只有一条棉被，现在两个人的棉被加起来刚好够用。”朋友们都要来闹洞房，房间里挤不下这么多人，大家只能在院子里谈笑与祝贺。我们买了6斤水果糖，大家尽欢而散。

1963年，欧阳自远和邓笑秋补拍了结婚照。

幸福家庭

宁夏回族自治区成立展览会三个月后闭幕，邓筱兰回到银川继续在宁夏回族自治区人民医院工作。

中国科学院地质研究所所长侯德封得知我结婚的消息，找人事处长来他的办公室，说："听说欧阳自远结婚了，他的妻子在银川的宁夏回族自治区人民医院工作，我们研究所要关心人才，爱护人才，稳住人才，让他们安心研究，做出成果。能不能想办法把他的妻子调到北京来，解除他的后顾之忧？"人事处长把侯所长的一席话告诉我，我万分感激，眼泪不断地涌出来。我完全不认识侯所长，他的话会永远温暖我的心，激励我排除万难，勇往直前！后来有一位男护士希望去医院工作，愿意与我的妻子对换。1959 年 10 月 9 日，我的女儿在银川出生，我的岳母从江西永新赶到银川照顾她们。女儿出生 16 天以后，她的妈妈和姥姥带着她，坐火车到达北京。我们在北京东四租了一间房子住下，一家人在北京团聚。

我们结婚时很想留下一张照片做永久纪念，但是参加婚礼的人没有一个人有相机，社会上也不流行拍婚纱照。1963 年，听说照相馆可以拍摄婚纱照，我们高兴地赶到照相馆，结婚五年后才补拍了一张结婚照，当时我们已经有了一女一儿两个小孩。

2004 年，为迎接我们两个老人的 70 岁生日，我们希望和孩子们全家团聚一次，他们三家都应约而来。此时距离我们结婚已经过去了 46 年，大女儿家有两个儿子，儿子家有一个儿子，小女儿家有两个女儿。我们家已经是三世同堂,全家一共有 13 名成员。2021 年，我们的年龄已经 86 岁。我的孙子已娶妻，生了一个女儿，我的小女儿又生了一个儿子。全家已经有 16 名成员，四世同堂，真是幸福美满的大家庭。

2004年全家团圆照

三

为空间时代的到来做准备

1957年，苏联发射了第一颗人造地球卫星，拉开了人类空间时代的帷幕。1958年，苏联和美国两个超级大国开始探测月球。同年，我开始研究各类地外物质，分析并研究美国和苏联探测月球及火星等太阳系天体的目标、计划、探测过程与成果，结合国情为中国的月球与行星探测及科学研究做前期准备。月球是地球的“女儿”，火星和地球都是太阳系家族的“亲姐妹”，用地球科学的理论、思路和方法分析月球及太阳系的行星，研究其共性和个性特征，是一种科学的思路和方法。“跨出地球一小步，却接近月球、火星一大步。”这是时代的需要，也是国家发展的需要，我下定决心从研究地球化学跨越到研究天体化学。

苏联发射第一颗人造地球卫星

1957年10月4日，苏联成功发射了世界第一颗围绕地球旋转的卫星——“人造地球卫星1号”。这颗卫星重83.6千克，外表呈圆球形，直径58厘米。人造地球卫星为探测地球及其空间环境、全球通信和预报天气变化、勘测地球资源等领域开辟了新的途径，开拓了广阔的应用前景。

我们从事找矿勘探的地质人员，像小蚂蚁一样在地球上爬来爬去找矿，如果在人造地球卫星上装置先进的仪器设备，在地球上空的探测将更精确，我们可以长期、全面、系统地获取各种地质参数，在尽可能短的时间内取得更多成果。

1958年，美国也发射了一颗人造地球卫星。从此，苏联和美国两个超级大国展开了激烈的太空竞赛。

什么是人类的空间时代？我在图书馆查找了一些外文的科普图书和报纸阅读，我理解就是开发太空资源。这是人类科技发展的未来趋势和重要选择。空间时代将推动国家强大，前景辉煌。

为了空间霸权的争夺和“冷战”的需要，1958年苏联和美国开始探测月球，1960年探测火星，1961年探测金星。1961年，苏联的航天员尤里·加加林首次进入太空，围绕地球飞行。1969年，美国

苏联成功发射世界第一颗人造地球卫星——“人造地球卫星1号”

的“阿波罗11号”实施了2名航天员登陆月球，美国相继成功实现了6次载人登月，12名美国航天员登上月球，从月球带回地球共381.7千克月球样品。美国实现载人登月至2021年已有52年，至此人类再也没有实现载人登月。而苏联由于重型火箭发射屡屡失败，没有能力实现载人登月，只好实施无人月球取样返回地球，3次无人的机械自动取样返回地球，共取得月球样品0.336千克。在美国、苏联两国的空间霸权争夺战中，美国取得了最终的胜利。直至今日，空间霸权由美国独揽。

我坚信，中国也一定会加快步伐进入空间时代。至1958年，年轻的共和国诞生不到十年，一穷二白，百废待兴，基础薄弱，人才匮乏。国家正以前所未有的雄心壮志，逐步加速组建相关的研究院所。突破关键技术，研制火箭、导弹、卫星和空间探测器等设施，首先要拥有能够进入空间的技术和能力。

人类进入地球空间，进一步探测遥远的月球和火星、金星等行星，在科学上有什么目的？这些天体有哪些科学问题值得探索？我们必须对美国和苏联的月球与行星探测计划、方案、探测目标、探测成果进行系统的调研及综合分析研究，紧密结合科技发展趋势和中国的国情，提出中国的探测方案、目标和技术要求。

同时，美国和苏联对月球返回的样品进行过哪些研究？取得了什么研究成果？天体的物质与地球的物质有什么差异？我们要知己知彼，中国必须培养一支研究天体物质的专家队伍，与研制火箭、探测器等的技术队伍相结合，才能相互推动，加快中国空间时代的到来。

“天外来客”——陨石

长期以来，中国的科学家只研究过地球的矿物和岩石，没有研究过地球以外的月球、小行星和行星的结构构造，以及其岩石、矿物、元素和同位素特征与成因，它们与地球的物质有什么差异。幸好地球以外，比如月球、火星、小行星等的天体物质也会掉落在地球上，那就是“天外来客”——陨石和宇宙尘。中国的科学家没有系统研究过这些对象，在中国也没有人系统研究过陨石。既然没有人做，我们可以做，我们就开始收集和系统研究各类“天外来客”。

陨石是一种很神奇的石头，它被称为太阳系的“考古”样品，是构成太阳系的行星、卫星和小行星的初始物质，是太阳系平均化学组成的代表，是孕育生命起源的胚胎，是行星际空间的天然探测

广西南丹铁陨石

商代铁刃青铜钺

器，也是观察和研究太阳系的“窗口”。宇宙尘埃则指以微细颗粒形式弥漫于太阳系空间的物质，其尘粒直径可以大到10微米，也可以小到0.01微米。

1958年正处于全国大炼钢铁时期。广西南丹县的小高炉无法将当地分布较广的一种“铁矿石”熔融炼为钢铁，当地的技术人员带着“铁矿石”样品到北京的中国科学院地质研究所请教。我一看“铁矿石”，非常惊讶，兴奋得大声叫起来：“这些不是铁矿石，而是天上掉下来的铁陨石。”铁陨石是一种铁和镍的不锈钢，具有特殊的金相结构，是在小行星的核心部位经高温冶炼形成的铁-镍合金钢，小高炉必然熔融不了它。

后来我们发现广西河池地区的《庆远府志》记载：“（明朝）正德丙子（1516年）夏五月夜，西北有星陨，长六丈，蜿蜒如龙

1965年，新疆大型铁陨石由刘东生研究员组织各方力量从降落地新疆青河县的荒漠里搬迁到乌鲁木齐展览馆。图为欧阳自远在乌鲁木齐与新疆铁陨石再一次相聚。

蛇，闪烁如电，须臾而灭。”这些“铁矿石”正是明朝正德年间降落的一场铁陨石雨物质，现被命名为“南丹铁陨石”。此后，我们相继研究了重28吨的新疆特大型铁陨石、内蒙古乌珠穆沁铁陨石等各类铁陨石。

此时，我们还开展了各类石陨石的研究。1960年，在中苏边境发生了一件大事。一个大火球横空出世，伴着巨大的轰鸣声，火球高速冲进中国境内，令人惊心动魄。当时人们误以为这是一场新式武器进攻。最后人们在地面找到了一块“烧焦的石块”，重约1千克，专家鉴定认为，这是武器发动机的隔热材料。经我们鉴定，这是一块典型的石陨石，它高速冲进地球大气层压缩大气，与大气分子碰撞摩擦，产生高温高压，形成火球，没有燃烧完的残骸落下成为陨石，后来这块陨石被命名为“内蒙古石陨石”。

1970年，考古学家在河北藁城县的一座商代古墓葬里发现了一件青铜武器“钺”，青铜钺的前端刃部被嵌入了一块铁片。这件青铜器被认为是3000多年前全世界最先进、最锋利的武器，称为“铁刃青铜钺”。这件文物在中国历史博物馆展出后，社会上传出“中国古代文明的发展史将提前1000多年”的论调，因为如果商代可以冶铁，中国的封建社会就应该从商代开始，而不是从战国末期的秦始皇时期开始。

当时中国科学院考古研究所所长夏鼐先生找到刘东生先生讨论，认为商代只能冶炼青铜，没有冶铁能力。中国是在战国末期与秦朝才出现冶铁技术。青铜是奴隶社会的特征，冶铁和用铁制作生产工具，表明社会随着生产力的进步进入了封建社会。铁刃青铜钺的铁刃是天然铁还是人工冶炼的铁？当时刘东生先生建议我做鉴定，我提出小芝麻粒大小的样品就足够用于鉴定。但是，文物不能被破坏取样，等了好些日子，我得到灰尘颗粒大小的一点点样品，经鉴定确证它是铁陨石。

我认为古人太聪明了，把一小块铁陨石加温、捶打制成片状，再将其嵌入铸造青铜时的刃部，就制成了当时杀伤力最强的武器。这次研究鉴定结论，使中国社会文明发展提前1000多年的有关议论烟消云散。

1976年3月8日的吉林陨石雨，是世界规模最大的石陨石雨，陨石陨落的分布面积达500平方千米。“吉林1号”陨石是世界上最大的石陨石，重1770千克。中国科学院组织地球科学、天文科学和力学的研究所，联合高等院校相关的专家组成吉林陨石联合考察队，我带领联合考察队进行了1个多月的联合考察和3个月的室内实验研究。我们的研究内容包括吉林陨石的来源与年龄；陨石母体的碰撞演化历史，及其在行星际空间的运行轨道的演变；陨石母体进入大气层的轨道与演变，陨石母体表面的温度与压力变化，陨石母体爆裂的高度，陨石碎块降落的轨道与分布特征；陨石的元素与矿物成分、岩石类型、结构构造、形成与演化历史；陨石含有机组分、氨基酸、烷烃类化合物等10余种物质的含量与分布；宇宙成因核素与

2003年欧阳自远参与设计的《吉林陨石雨》邮票

宇宙线照射历史等。我们发表了100多篇研究论文，出版了一部研究专著，这些研究成为当代国际陨石研究的典范。

从1998年开始，中国南极考察队在南极中山站附近的格罗夫山地区，陆续找到了12000多块陨石，这些陨石种类齐全，有来自太阳系的各类小天体、月球和火星的陨石。全国有关研究院所和高等院校，发挥各自的优势与特色，在国家海洋局南极委员会的统一安排下，开展了系统和深入的研究。

1980年和1981年，德国马普协会的海德堡核物理研究所（包括海德堡大学）和曼因兹化学研究所，希望与中国科学院的科学家联合研究世界规模最大的吉林陨石雨。当时德国有比较先进的实验室仪器设备，希望研究吉林陨石的宇宙成因核素与宇宙射线照射历史、稀有气体同位素以及陨石的矿物与微量元素。

中国科学院与马普协会签订了《吉林陨石雨合作研究协议》，决定共同培养博士研究生，并实行双导师制。德国马普核物理研究所指定著名矿物学家埃尔哥里西，中国科学院指定研究员欧阳自远作为共同培养研究生的导师。林杨挺（今中国科学院地质与地球物

联合考察队对“吉林1号”陨石打钻取岩芯，进行宇宙成因核素深度分布研究。

GRV 99027

GRV 020090

中国南极考察队找到的二辉橄榄岩质火星陨石

理研究所研究员）和陈永亨（今广州大学教授、副校长）都被录取，成为中国科学院和德国马普核物理研究所共同培养的博士研究生，并取得中国、德国两国联合培养的博士学位。

我作为中方研究队队长，两次带队到海德堡进行合作研究，每次合作实验研究6~8个月。我没有学过德语，甚至连德语字母都不认识。德方建议，中方科学家先到德国歌德语言学院学习德语3个月，再在以后的生活和实验研究工作中逐步提高德语水平。我们在马普核物理研究所与科学家交流、讨论工作，大家用英语都没有障碍；但是参加研究所的各种学术活动，与实验室的工作人员讨论工作时还得用德语，这时就有困难了。

我住在研究所的客房里，隔壁住了一位刚大学毕业不久的德国小伙子，下班以后他经常找我聊天。我突发奇想，提议他在晚饭后到我的房间里来，我请他喝啤酒，他教我说德语。我们每天聊一个小主题，每天晚上喝一箱啤酒，两个人一边喝啤酒，一边海阔天空地“穷聊天”。四五个月后，我的德语听说能力提高很快，在研究所的学术会议上我大致能听懂德语了。我还可以用德语和德国人聊天，甚至可以讨论革命时期中国的“农村包围城市”战略等话题。但是，我阅读德语专业书籍的能力还是很差，德语写作就更不行了。后来，由于长期没有讲德语、用德语的环境，时间长了，也都淡忘了。

平流层收集宇宙尘埃

20世纪70年代以来，美国、苏联及欧洲各国使用长期在空间运行的飞行器太阳能发电板，收集并研究撞击在发电板上的宇宙尘埃；或用空间飞行器直接撞击彗星或小行星，收集溅射的尘埃，飞行器返回地面后科学家开展研究工作；美国还使用无人机在地球平流层收集宇宙尘埃。

我们也曾进行宇宙尘埃的研究。1981年，我们使用体积为8万立

欧阳自远为宇宙尘埃收集器进行升空前的检查

方米的充满氦气的科学气球，携带一个重约100千克的宇宙尘埃收集器，进行宇宙尘埃收集。科学气球在北京郊区被释放，上升到37千米高的平流层中，收到指令即张开宇宙尘收集器，开始收集宇宙尘埃。高空的稳定风向是西风，科学气球被吹向东方，进入太平洋上空飞行，一路收集宇宙尘埃。

根据飞行程序，科学气球收到指令后，收集器抛出携带的铁砂，科学气球负重减轻，上升到40千米高空，进入东风带，回程途中继续收集宇宙尘埃。科学气球飞临北京上空时，为避免受到低空尘埃污染，它会被“指示”关闭收集器，准备着陆。接着，科学气球收到指令，切断科学气球悬挂收集器的缆绳，打开收集器的降落伞，收集器缓缓着陆，收集器的无线电发出着陆点经纬度的通知后，我们立即赶到着陆位置回收收集器。在涂有硅油的收集板上收集的尘埃颗粒，绝大部分是地球的火山灰，宇宙尘埃比较稀少，我们取出宇宙尘埃颗粒进行研究。我们一共实施了两次平流层宇宙尘埃收集，发表了宇宙尘埃研究的一系列论文。

通过陨石和宇宙尘埃的系统研究，中国培养了一批基础坚实、技术精湛的青年天体化学科学家，逐步建立了一系列先进的、高水平的实验室。

1981年，欧阳自远带领科研人员开展高空科学探测气球平流层宇宙尘的收集与研究，科学气球升空前被充满氦气。

研究“阿波罗17号”月球样品

1978年5月，美国卡特总统为了与中国正式建立外交关系，派他的国家安全事务顾问布热津斯基来华访问，与中国领导人商谈建立正式外交关系的准备事宜。华国锋主席接见了客人，布热津斯基代表卡特总统向华国锋主席赠送了两件国礼。第一件国礼是一面很小的中华人民共和国国旗，是美国登陆月球的航天员带到月球上再带回来的，非常珍贵；另一件国礼是一块嵌入透明有机玻璃里的岩石，是美国登陆月球的航天员从月球上带回来的月球岩石，更加珍贵。

客人离开之后，当时国家领导人提出，应对月球岩石样品进行鉴定，不知中国有哪位科学家能研究一下其是否来自月球。中央办公厅工作人员询问教育部和中国科学院，都回复没有人研究过月球的石头。但是，中国科学院告诉中央办公厅，科学院有一位科学家专门研究天上掉下来的陨石，可以让他试一试。结果，我们得到通知去中央办公厅领取这块月球岩石。

我们从中央办公厅取回来嵌入有机玻璃里的月球岩石，有机玻璃的上方被磨制成凸透镜形状，玻璃起到了放大镜的作用，月球岩石看起来有小拇指大小。我在经过清洁处理的手套箱内砸开有机玻

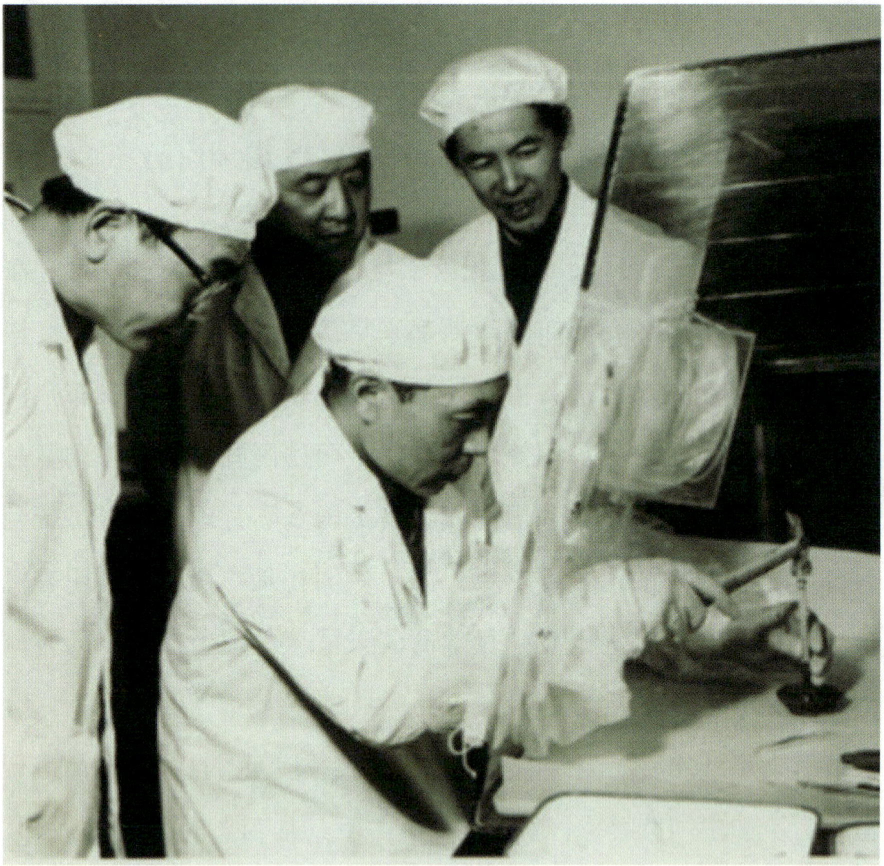

1978年，欧阳自远在洁净的手套箱内砸开有机玻璃取出月球岩石。

璃取出月球岩石，这颗岩石实际上只有小黄豆粒大，重量约1克。

我设想约0.5克月球岩石样品，完全够各项分析、测试和研究使用，于是提出了“月球岩石分析测试与研究总体流程和技术要求方案”，先做非破坏性测试研究，再做破坏性测试研究。我立即组织了全国相关的研究团队在贵阳召开“月球样品研究讨论会”，贵州省人民政府王朝文省长亲自参加会议，动员鼓励大家做出一流研究成果。围绕这0.5克月球岩石，按照设计流程，经历4个月的分析、测试与研究，我们发表了14篇研究论文。分析及研究内容包括月球岩石的结构构造、元素与矿物成分及其岩石类型，关键性元素的同位素组成探讨月球空间环境的影响，岩石的形成环境、后期的演化过程与经历的重大事件，岩石的产状环境以及是否经历过阳光的长期照射等。我们确认，所研究的月球岩石是“阿波罗17号”登陆航天员采集的编号为70017-291岩石样品。后来，美国的科学家赞扬道：“你们都知道了。”

1979年，我们还剩下一小块0.5克“阿波罗17号”采集回来的

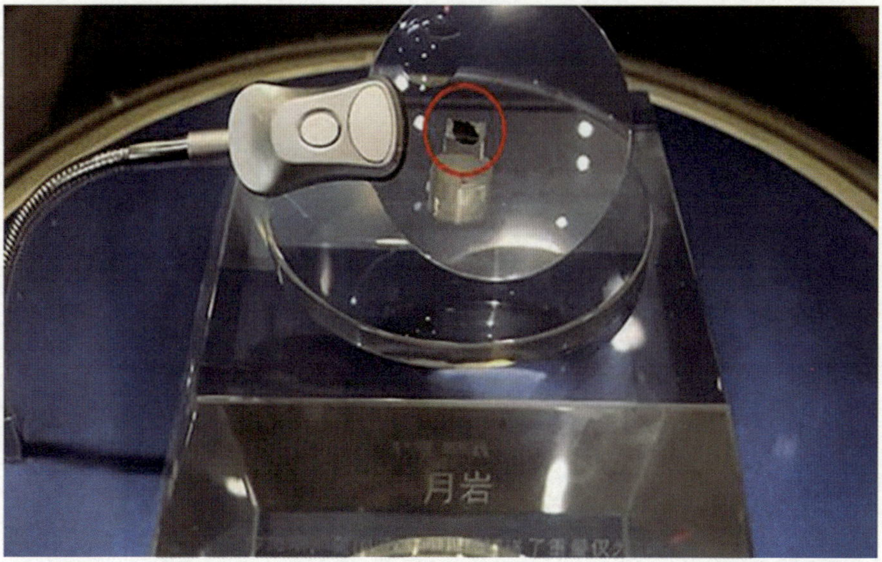

北京天文馆的月球岩石展柜

玄武岩，我将其送给了北京天文馆，请他们向广大公众展出，同时也介绍一些月球的相关知识。我建议，由于展出的月球岩石颗粒太小，肉眼看不清楚，请他们在展出样品的前方设置一片放大镜镜片，使观众能够看清楚月球岩石展品的形貌。

现在，北京天文馆的月球岩石展品，已经成为北京天文馆的镇馆之宝。

四

地下核试验选场与防止地下水污染

1960年，我有幸跟随侯德封先生研究核子地质和核地球化学，这是地球科学与核物理学远缘杂交与融合的新领域。他派我到中国科技大学核物理系进修相关课程一年，再到中国科学院原子能研究所进行相关的实验。回研究所之后，我完成了专著《核转变能与地球物质的演化》的写作。没有想到的是，后来国家要我承担“中国地下核试验场选场与防止地下水污染”和“中国地下核试验的综合地质效应”的重大任务。我一定要全身心投入，不辱使命，高标准完成任务。国家一直在引领和培育我成长。感恩生活在这个伟大的时代，我太幸运了！

艰巨的任务

1960年我研究生毕业后，中国科学院地质研究所所长侯德封调我到他的研究团队，从事核地球化学（也称核子地质学)研究，并担任研究所所长的学术秘书。核子地质学是侯德封创立的新研究方向，即从原子核的物质层次的角度研究地球宏观过程的基本规律。

由于我是学地质专业出身，没有系统的核物理学知识基础，侯德封让我到刚刚成立不久的中国科技大学进修核物理系三、四年级的部分课程，一年进修完并通过考试；然后再到中国科学院原子能研究所的相关实验室，进行核物理实验实习。

1963年，我完成了全部进修和学习核物理实验的任务，回到地质研究所。侯德封所长询问我："这两年来你对核子地质有什么新想法？"我很坦诚地说："地球演化的历史和过程错综复杂，现在地球科学的理论只讲现象，不讲理由和原因，有一些理论甚至明显是错误的。我想从根本的基础上讲清楚，即从原子核的物质层次来解释地球宏观的演化过程。地球的演化取决于地球内部的能量如何产生，产出率是多少，能量如何分布和迁移，地球的板块构造运动、岩浆与火山活动、成矿过程，地球内部随深度增加而地热增温、地球能量产生和消耗的平衡等，地球何时内部能量消耗殆尽，成为一个像月球那样没有内部活力的天体。”他很激动，建议我用一年时间写出一部专著。1963年，我完成了《核转变能与地球物质的演化》专著。由于“文化大革命”的影响，1974年，《核转变能与地球物质的演化》才得以在科学出版社正式出版发行，作者是侯德封、欧阳自远、于津生。

更使我意想不到的事情是1964年初，侯德封所长找我谈话，他很慎重地告诉我，国家有一项重大任务——地下核试验，要我们承担地质综合研究。他说：“国家要你承担这项重大任务，是国家对你的极大信任和支持。你要勇敢担当起来，全力以赴！首先，你要充分理解任务的目标与要求，认真思考任务对科学技术进步、国家发展强大的重大意义。其次，你要仔细分析并提出任务中有哪些关键性的科学技术问题需要解决和突破。再次，你要团结大家，克服困难，完成任务！”他又说：“你在所里挑选各专业的人员组成‘219研究小组’，业务上请叶连俊先生指导，政治上由党委副书记柴云山领导。中国人民解放军国防科学技术委员会（简称‘国防科委’）的领导今天会找你谈话。”

国防科委的张副主任带了一位参谋来到侯德封的办公室，他讲话开门见山：“欧阳，你是学地质的，又学过核物理。中国很快就要进行第一颗原子弹爆炸，还要准备地下核试验，你要带一支队伍，选一个地下核试验场。”我说：“我从来没有干过。”他说：“有谁干过？你们年轻人不会学吗？边学边干！最要紧的是在指定的区域里找到一个符合要求的地下核试验场。周总理有指示，地下核试验不能‘冒顶’，不能‘放枪’，不能造成污染。”他接着详细解释了这些要求，特别是地下水污染，“如果这个区域的地下水被污染了，大面积的河流、湖泊将会被污染，你我都将是历史的罪人。”他坚定、明确、认真、细致、全面、清晰地解释了任务要求。他希望侯德封所长尽快组织一支跨多个专业、团结合作的团队，并对保密事务提出了严格的要求。

后来，我整理了张副主任交代的研究任务：地下核试验场区选场，地下核爆炸场区的岩石、构造和环境优选，地下核爆炸图像与过程模拟，地下核爆炸泄漏预防与措施制定，地下核爆炸后的地下

1964年，中国科学院地质所成立地下核试验研究组。

水污染防治和地下核爆炸综合地质效应研究。我万分激动，这是党和国家对我最大的关爱与信任。我下定决心，承担这份最艰巨的任务与责任，只能做好，必须做好，一定要做好，拼命也要做好！

在研究所党委副书记的领导下，研究所组织了从事地球化学、矿物与岩石、构造地质、工程地质、水文地质、放射性同位素地球化学、高温高压实验地质、化学与仪器分析测试技术等研究的19名专业技术人员，组成“219研究小组”。研究所任命侯德封、叶连俊为顾问，欧阳自远为组长，谢先德为支部书记。

地下核试验选场

我们查看并参考了相关的技术资料，多次讨论、拟订了地下核试验场的各项技术指标。考虑到野外地质调查的实际需要，地质部资料馆提供了选址地区的各种地形图、地质图和地质构造图供我们使用。

我们工作的流动性很大，要带着帐篷住在戈壁滩上，最后我们选择了南山。我们根据各自的专业分工任务对南山进行勘测，中午到达山顶会合。大家捡一些干枯的树枝，烧起一团篝火，折下一些小树枝，再将馒头插在小树枝上，馒头在火苗上烤得焦黄，香喷喷的烤馒头夹一些咸菜十分可口。大家饱餐一顿，愉快地交流新的发现和收获。我们选了另外一条路下山，一路走一路勘测，晚上8点多，天空仍然明亮，我们回到了帐篷。大家不顾一天的疲劳，赶紧整理勘测资料，热烈讨论各种地质现象。半个多月后，我们满载而归，回到基地。通过一系列论证，南山成为首选的地下核试验场。

1964年10月初，核试验基地领导通知我："明天国防科委副主任张爱萍将军，要和你一起搭乘伊尔-14专机勘察南山地下核试验场，你准备汇报。"第二天一早，张爱萍将军在机舱外接见我，并与我一同进入机舱，飞机上还有10位将军在座，看来只有我一个人是"老百姓"。

飞机起飞后，我发现机舱的底部是一块透明的玻璃板，我们可以清晰地看见地面的情景。开始时张将军不断地提问题，我忙于答复。到达南山上空后，他要求飞机慢慢地在上空盘旋，我介绍了南山的地形、地质概况、岩石的特性、断层裂隙分布和地下水情况等，还对工程设计提出建议。飞机转了几圈，他又提了一些问题，我解答后，他兴奋地说："看来南山可以做好几次试验。"

我还告诉他，中国第一次原子弹爆炸后，我想不断收集全国各地大气层的气溶胶，分析爆炸后各种放射性核素在大气层里的分布、运移和影响，他很高兴地表示支持与鼓励我。

1964年中国第一次核试验之后，我在全国各地收集大气层中的气溶胶，分析核爆炸产生的放射性裂变产物的分布和浓度变化，测定大气层的放射性污染和运移过程。

中国第一次核试验之后，欧阳自远收集全国各地空气中的气溶胶，在实验室测定各类放射性核素的分布和浓度变化。

一小袋葡萄干泄露行踪

1965年，在新疆野外出差半年多后，我回到北京。我家住在北京西城区新街口的一座四合院里，邻居们都是研究所的员工。我一推开家里的房门，见到两个小孩在床上玩搭积木的游戏，他们是我的女儿和小儿子。他们的眼睛都瞪得大大的，似乎在说这个陌生人怎么闯进我们家来了。

小儿子立即穿上小鞋，摇摇晃晃地跑到院子里水池旁边，他妈妈正在洗衣服。他大声地说："妈妈，我家来了一个叔叔！"我的女儿也跑到院子里说："不是叔叔，是爸爸！"接着两个小孩争吵起来。

妈妈领着两个小孩回到屋里。她说："难怪呀，又黑又瘦，孩子都认不出爸爸来啦！"我立即从背包里掏出一袋在吐鲁番买的葡萄干给孩子们吃。我抱起两个小孩，让他们分别坐在我的大腿上，他们就大把大把地抓起葡萄干往嘴里塞。我感到很愧疚，日日夜夜忙于工作，几次出差都是一去半年以上，毫无音信，不能尽心尽力地照顾妻子和孩子……

突然，妻子大笑起来，说："我知道你出差去什么地方啦！"

我们有严格的保密纪律，出差去什么地方、做什么工作，不准

大女儿欧阳婞嫰

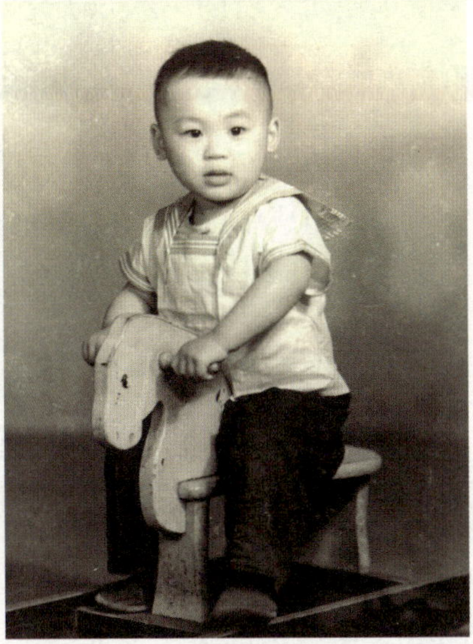

儿子欧阳昕舒

告诉家人，写信也不能封口，由研究所党委书记转交。研究所党委书记见到我妻子时都会告诉她，我在外面一切都好。没有想到，一袋新疆葡萄干却泄露了我的行踪秘密。

搬迁到“大三线”——贵阳

1964年，国家提出了“备战、备荒、为人民”的战略方针，中共中央做出“调整一线，建设三线，改善工业布局，加强国防，进行备战”的战略部署。中国科学院立即做出了相应的部署。中国科学院地质研究所的一部分研究力量，如“219研究小组”、负责特殊资源和重大能源研究以及相关新技术领域研究的工作组，将搬迁到贵州省贵阳市，与贵州省科学院化学研究所、云南省科学院地质研究室合并组成中国科学院地球化学研究所（又称“401研究所”），由中国科学院资源环境科学局和新技术局协调管理。贵州省科学院化学研究所位于贵阳市南明区，1964年地球化学研究所开始基建与扩建，新的研究实验大楼和住宅楼拔地而起。1966年5月，我们开始正式搬迁。

我和妻子邓筱兰带着一女一儿两个小孩，5月中旬乘火车到达贵阳，我们立即投入工作。中国科学院任命侯德封为研究所所长（兼），杨敬仁为党委书记，柴云山为副书记。我被任命为第二研究室主任，负责地下核试验和地外物质与月球行星科学研究。

没有想到此时“文化大革命”的狂风暴雨席卷全国，全国停工、停课，全国大串联，“大批判开路，砸烂旧世界”。研究所内天天开批判大会，一批从国外回国忠心耿耿为国效劳的老科学家，如李璞先生（英国剑桥大学博士、我国西藏地质调查和我国同位素地球化学的开拓者），司幼东先生（苏联地球化学副博士、中国稀有元素地球化学的开拓者），郭承基先生，涂光炽先生，刘东生先生，于皓先生，王铸青先生等，一个一个都被诬陷为反动学术权威等。李璞先生和司幼东先生不堪受辱而自杀身亡。其他几位老科学家和“走资派”都被关在“牛棚”里，接受批斗，被要求悔过自新，重新做人。

我们这一代人要参加陪斗，在批斗会上，低着头站在被批斗人的身旁，接受革命群众的批斗。我的罪名为“中国科学院培养的修正主义苗子”。造反派要我深刻检查自己的错误，揭发走资本主义道路当权派和反动学术权威的罪行。揭发材料要用大字报张贴出来。每一次我都是抄《人民日报》或《贵州日报》的社论，大字报大约抄够两页就被张贴出来。反正没有人检查，我也就蒙混过关了。

“文化大革命”以来，由于担心国家任务完不成，内心十分沉重与苦闷，我学会了吸烟。当时我只能抽一毛四分钱一包的“朝阳桥”牌香烟，买不起三毛钱一包的“乌江”牌香烟。“文化大革命”期间，人人要早请示、晚汇报，研究所的图书馆不开馆，实验

位于贵阳的中国科学院地球化学研究实验1、2、3号楼

室不开门，研究工作停止，终日无所事事。有一些同事在家做木工活，自己打造各种家具。这时，邓筱兰教我学做针线活，缝补两个小孩的衣裤和床单被套。后来她买了一架缝纫机，我学会了裁剪，缝制全家人的新衣。她开玩笑说："以后你可以做一个裁缝师傅，不会失业了。"

当时，我内心最为焦急的是地下核试验场的地质报告还没有完稿，地下水携带放射性核素的实验无法开展，其他的研究实验工作完全不能开展，图书馆也关门大吉，痛苦的煎熬让我无法忍受。就在走投无路的绝境下，北京国防科委的一位参谋给我打来电话，通知我把全部实验仪器和装备打包装箱，准备好行李，工作组全体人员在贵阳待命。大约一个星期后，来了几辆大卡车，车上是一队解放军。他们把全部仪器装备搬上大卡车，我们随后也上车。大卡车开到贵阳附近的一个小火车站，解放军战士又将仪器设备搬进火车车厢，我们随后又上了火车。

在火车上大家很兴奋，就是不知道火车最终要到达什么地方。后来得到通知，我们将在北京通县下车。火车到达通县后，仪器装备被搬上卡车。满载仪器装备的大卡车开进一个有解放军守护的大院里。国防科委的参谋告诉我们："这是解放军的大院，这一座三层楼房给你们工作用，把设备安装调试好后就可以开始工作。这里很安全，不会有任何干扰，放心工作。"

我们的内心对解放军充满了崇敬和感恩，感谢他们给我们创造了确保完成国家重大任务的环境和条件。我们一定加倍努力，专心致志，完成我国首次地下核试验的各项研究和实验任务。我们在通县紧张工作了一年半，圆满完成了各项任务的实验与研究工作。

1968年，我们有充分的时间对各项野外与室内工作、工程与保障工作进行复查复核，我们有坚定的信心达到任务的要求。

防止地下水污染的模拟实验

在北京通县的大楼里，大家各就各位，安装、调试仪器设备，紧张而有序地开展各项实验研究工作。

地下核爆炸后，地下爆室因爆炸产生的高温高压，将挤压扩展爆室，并使爆室周围的岩石气化熔融，岩石熔融形成的熔体落下、堆积在爆室底部，由于冷却速度比较快，会形成大量的玻璃体。玻璃体内会包裹核试验产生的各种放射性裂变产物，具有很强的放射性。核爆炸产生的强大冲击波，会使爆室周围尤其底部产生大量裂隙，地下水涌出，浸泡高放射性的玻璃体。如果各种放射性核素被地下水溶解、携带、迁移、扩散，污染河流或湖泊，将造成严重后果。

南山由厚层状的寒武纪石灰岩组成，在南山施工现场，我发现南山边有一个小山包，由安山岩组成。石灰岩经高温高压熔融后形成氧化钙熔融玻璃体，溶于水形成氢氧化钙，如果各类放射性核素完全被水携带，将严重污染新疆地区的地下水、河流或湖泊。根据计算和实验结果，将安山岩与石灰岩按一定的重量比例混合，会形成不溶于水的硅酸盐玻璃。硅酸盐玻璃体中包裹的各类放射性核素完全不溶于水，不会被地下水携带迁移。

我立即向程开甲先生和基地司令部工程兵领导汇报，建议在安山岩小山包开采安山岩，将安山岩制成大型砖块状，在已挖掘好的爆室内壁，将安山岩按需要数量，砌成爆室的内层。当原子弹在爆室内爆炸后，两类岩石气化熔融，形成硅酸盐玻璃熔体，放射性物质将被玻璃体包裹，就不会被地下水溶解、运移，也就不会污染当地地下水体了。

我们将地下核试验场区的各类岩石加上不同性质的放射性核素，在高温高压下熔融形成玻璃体，再配制当地的地下水浸泡，观察并发现不同的放射性核素的溶解、携带、迁移、扩散的过程与特征。根据大量的实验数据，我们提出了一个地下水不能将玻璃体内的放射性核素溶解、携带、迁移、扩散的方案，确保不会污染河流或湖泊。这个方案在地下核试验中得到成功验证与实施。

“219研究小组”提交了两份地下核试验场的综合地质勘测报告以及各项专题研究报告。《试验场区各类断裂构造爆炸后对放射性核素的泄漏评估报告》《各类岩石高温高压爆炸模拟实验报告》《各类放射性核素被地下水携带与运移特征报告》《岩石和矿物高温高压下的冲击变质特征报告》《防止地下水污染措施报告》和《地下核试验爆炸后地质综合评估报告》等18份科技综合报告，经两次地下核爆炸验证完全正确，实现了预期目标。

"219研究小组"地下核试验地质综合研究获全国科学大会奖、中国科学院重大科技成果奖和贵州省科学大会奖。通过系统的地下核试验工作，我们建立了地下核爆炸地质学、超高压超高温实验岩石学、冲击变质矿物学等学科，为地下水放射性核素污染与防治、地外小天体撞击地球诱发气候环境灾变和生物灭绝事件研究打下基础。通过地下核试验综合效应研究，我们培养了一支优秀的科学技术队伍。

"219研究小组"共有19位科技人员先后参与工作，开始时只有一位中国科学院学部委员侯德封院士，后期又培养出5位院士。1980年叶连俊当选中国科学院学部委员（院士），1991年付家模和欧阳自远当选中国科学院学部委员（院士），1999年王思敬当选中国工程院院士，1994年谢先德当选俄罗斯科学院院士。

1969年9月23日夜

1969年9月23日夜，激动人心的时刻即将到来。我静静地坐在安全区的小板凳上，手拿望远镜一直紧盯着南山山顶上的大十字架。

突然，我看到十字架向上跳起来，然后平稳地落下。接着地动山摇，震耳欲聋的爆炸声响彻云霄，山上的浮石哗啦啦向下坠落，浓密的烟尘渐渐挡住了视线。安全区欢声雷动，掌声齐鸣。根据爆炸后各项数据的监测，地下核试验取得圆满成功！

后来，我在网上看到了值得永远铭记的画面。当时张爱萍将军作词一首，纪念这个伟大的时刻：“红日升，南山狮吼虎熊惊，虎熊惊，地震山崩，欢声雷鸣。”

1971年，距离第一次地下核试验已有一年多时间，对地下水的监测表明，放射性燃料和裂变产物没有被地下水携带出来。由于原有的坑道都已坍塌，核试验基地决定从另外一个方向打通一条坑道直通爆室。我带领“219研究小组”的几位同事前往勘察，我们带着地质锤和相关工具，全身从头到脚按照防化兵的防护要求全副武

我国第一次地下核试验纪录片视频截图

装。基地领导严令我们到达爆心附近立即取样后，必须尽快撤离。我们怀着强烈的激动之情和期待走向爆炸中心。

我们在手电筒光线的指引下前行，感到越接近爆心温度越高。突然一个礼堂大小的“大厅”展现在我们面前，我们好像走进了一个光怪陆离的地下宫殿，又像走进了《西游记》里的海底龙宫。由于强大的爆炸冲击波向四周强烈挤压扩张，小小的爆室形成了一个高大的“大厅”。周围的岩壁上产生的很多裂隙，被高温高压熔融的岩浆堵住，形成了近于平行的一条条深色的玻璃状“岩脉”，“地下龙宫”被装饰得奇幻恐怖。爆心底部堆积成一座小山般的超高温熔融的岩浆经快速冷凝，形成了玻璃体，玻璃体被涌出的地下水浸泡。地下核爆炸后，爆心上方的岩石破碎坠落，爆心上方出现了一个地下的“天井”。

我们紧张地采集各类样品，依依不舍地离开这个永世难忘的“圣地”。一出坑道口，我们立即按规定全身淋浴，更换全部衣服，回到驻地。

在采集的各类样品中，我们发现多种超高温高压的冲击变质矿物，如碳化硅、金刚石等，发现各种超高压矿物结构特征，可以获得温度压力的大小与变化。根据各类熔体的化学成分，我们判断它们不溶于水，熔体所包裹的放射性物质不会被地下水携带而迁移。

我国首次圆满完成了平洞式地下核试验的全部任务，各项试验指标都得到了科学验证。

根据长期的地下水放射性监测，地下核爆炸产生的各类放射性核素至今没有被地下水携带出来。地下核爆炸产生的全部放射性核素将永远被不溶于水的玻璃体所包裹，各类放射性核素将根据各自的半衰期逐渐衰变殆尽。

五

小行星撞击地球的“祸”与“福”

地面核试验、大气层核试验、地下核试验过程中产生的超高温和超高压冲击波的巨大撞击作用与影响，非常类似于小天体撞击地球产生的超高温和超高压冲击波的作用与影响。太阳系的水星、金星和火星表面布满了小天体撞击形成的撞击坑，月球表面的撞击坑密密麻麻广泛分布，直径大于500米的撞击坑有330万个。地球表面也发现有180多个残存的撞击坑。我开始关注与研究地球历史上小天体撞击地球诱发的各种难以理解的重大效应。小天体撞击地球，使地球的生态环境系统彻底崩溃，造成地球表面的气候与环境发生巨大灾变，导致地球发生生物物种大规模灭绝事件，但是小天体撞击地球也会给人类社会带来一些福祉。祸兮福所倚，福兮祸所伏。

小行星撞击地球概况

参加地下核试验工作的经历，使我联想到小行星撞击地球的过程及诱发地球生态系统彻底崩溃和生物灭绝事件，与核试验的相似性。原子弹和氢弹爆炸带来的最大杀伤力来自冲击波，而小行星撞击地球所带来的最大杀伤力也来自冲击波。原子弹和氢弹爆炸产生的超高温与超高压迅速压缩周围的大气，形成了强大的高温高压冲击波，冲击波在大气层中迅速扩散传播，立即摧毁和烧毁地面的各种建筑物、设施与生命，甚至诱发地震和海啸等次生灾害，与小行星撞击地球产生的后续效应相似。

小行星以约45千米/秒的速度在太阳系空间运行，地球围绕太阳公转轨道的运行速度约30千米/秒。如果小行星从地球后方追上、撞击地球，相对速度约15千米/秒；如果小行星从正面撞击地球，相对速度接近75千米/秒。因此，小行星撞击地球的相对速度为15～75千米/秒。

小行星高速冲进地球大气层，强力压缩大气，与大气的分子碰撞摩擦，产生高温高压冲击波，并撞击地面。强大的冲击波前峰撞击地面，“挖掘”出一个巨大的撞击坑，撞击坑里的岩石破碎、气化、熔融、溅射，洒落在撞击坑内外；高温高压的冲击波，使地面森林着火燃烧，甚至引发全球大火；撞击溅射的尘埃和森林燃烧的灰烬大量分布在大气层，甚至弥漫在平流层，长期遮住阳光，地球表面成为一个黑暗而寒冷的世界，生态系统崩溃，进一步诱发生物物种灭绝；冲击波撞击地面，引发强烈地震甚至大面积海啸。这与核爆炸形成的“核冬天”情景也有相似性，只不过没有放射性物质污染。

小行星不仅可能撞击地球，同样也可能撞击月球和太阳系的各个行星，它们的表面都“伤痕累累”，留有密密麻麻的撞击坑。根据中国科学院地理与资源研究所刘荣高研究员利用计算机检测的结果，月球表面直径大于500米的撞击坑数量大约330万个，其中直径大于5000米的撞击坑至少有6万个；直径1000～5000米的撞击坑大约有111万个；直径500～1000米的撞击坑大约有213万个。直径小于500米的撞击坑难以计数，直径小于几米撞击坑的数量大约有几亿个。月球围绕地球公转，月球以其“微弱的身躯”抵御了大量小行

小行星撞击地球想象图

星撞击地球，月球是地球的“忠诚保卫者”。

由于长期的地球内部和外部地质动力作用，如板块运动，火山爆发，地震活动，大气层活动，海洋、湖泊、河流的侵蚀与沉积作用等，地球表面的地形地貌不断改变。沧海桑田，地球历史上产生的撞击坑被大量地破坏与掩埋，残存的比较稀少。但是，地球表面依然被发现有180多个古老的撞击坑。

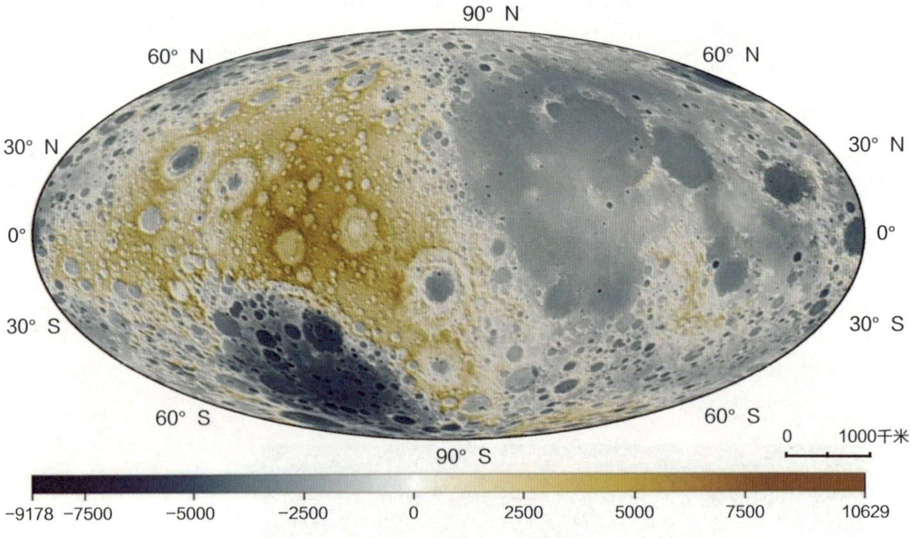

“嫦娥一号”绘制的全月面三维立体模型图

太阳系小行星的分布

太阳系中的小行星主要分布在火星与木星轨道之间的小行星带和海王星外的柯伊伯带。它们距离地球比较遥远，又受到木星强大引力场的干扰，对地球的潜在威胁不是太大。

对地球威胁最大的是地球外围分布着的大量近地小行星。根据近期的观测与统计，地球附近的近地小行星大约18000个，其中直径大于1000米的近地小行星大约800个，直径大于140米的近地小行星大约8000个。它们运行的轨道多种多样，撞击地球的概率也比较高。

太阳系中的小行星带和柯伊伯带分布示意图

2011年6月，“嫦娥二号”月球探测器圆满完成探测月球的各项任务。2011年6月9日~8月25日，经过77天的飞行，“嫦娥二号”首次实现从月球轨道出发，受控准确地进入距离地球约150万千米的太阳与地球的一个引力平衡点——拉格朗日L2点的环绕轨道，开展对太阳的系统观测。“嫦娥二号”在 L2点的环绕轨道运行了235天，积累了大量对太阳的探测数据。

2012年4月15日，“嫦娥二号”又受控飞向距离地球大约1000万千米的太阳系深空，首次对小行星图塔蒂斯（Toutatis）进行了交会探测。第4179号小行星图塔蒂斯是对地球具有潜在威胁的近地小行星。

“嫦娥二号”飞行了702万千米，于2012年12月13日与小行星图塔蒂斯交会并开展探测，交会距离870米，最高分辨率10米，探测了其形状、大小、表面特征与结构等。经测定，小行星图塔蒂斯的大小为4.46千米×2.4千米。如果图塔蒂斯撞击地球，将产生相当于1万亿吨炸药的爆炸能量，等同于5000万个广岛原子弹爆炸的威力。

通古斯大爆炸之谜

在俄罗斯西伯利亚中部，有一片一望无垠、渺无人烟的荒野，这里到处是湿地、沼泽地以及长满松树和杉木林的丘陵地。这里万籁俱寂，阴森森地令人不寒而栗。人们偶尔可以听到在晨曦下吃草的驯鹿的足蹄声，以及密密麻麻、成群结队的蚊子发出的嗡嗡声。

1908年6月30日清晨，在西伯利亚中部的通古斯河流域，酣睡中的人们被震天动地的响声惊醒。一个燃烧着的、比太阳还亮的“怪物”，拖着冒着浓烟的、长长的“烟火”尾巴，伴随着阵阵巨雷声，在几秒钟内从东南偏南方向向西北偏北方向高速移动，留下一道长约800千米的光迹，消失在地平线外。火球在离地面6千米的上

通古斯大爆炸想象图

空爆炸，升起了一团巨大的火焰。伴随一声震天撼地的巨响，一团蘑菇状的滚滚浓烟直冲到20千米的高空后，降落了一阵石砾和灰尘的黑雨。爆炸力异常之大，距西南方向约600千米处，一辆横贯西伯利亚的特快列车出现了强烈的震动，司机发现火车前面的铁轨呈波浪状起伏，立刻紧急刹车，接着轰鸣声从远方传来。在距爆炸地点2250千米的地方，人们都能听见排炮似的爆炸声，大地为之震颤。

离爆炸地点约970千米的伊尔库茨克和4000千米的圣彼得堡市的地震测量站记录了这次爆炸，对这些记录的后续分析表明，地震的震中与爆炸地点正好吻合（北纬60° 55′，东经101° 57′），并证实了爆炸发生的准确时间：当地时间上午7点14分，格林尼治标准时间零点14分。

大气层中强大的冲击波还使空气产生异常的振动。在爆炸1小时以后，伊尔库茨克的地磁和气象观测所记录下了空气的异常振动及地球磁场扰动。当时，通古斯周围尘土飞扬，烟雾弥漫，云堆里火舌缭绕。灼热的气浪此起彼伏地席卷着整个浩瀚的泰加林。2150平方千米面积内的6000万棵树呈扇面形从中间向四周倒伏，1500多头驯鹿在大火中化为灰烬。熊熊的森林大火连日燃烧，爆炸后的几天里，通古斯地区方圆1.5万千米范围内的天空布满了罕见的光华闪烁的银云。日落后，夜空便发出万道霞光，北半球广大地区连续多日出现了白夜现象。即使远在欧洲西部，人们竟然也能在夜间不用灯火照明看报。在美国，史密松天体物理台和威尔逊山天文台观察到

通古斯大爆炸导致森林尽毁

几个月来的大气透明度有所降低。

据伊尔库茨克地震站的记录，通古斯大爆炸的能量相当于1500万吨TNT炸药的爆炸能量，是广岛原子弹爆炸能量的750倍左右。

八次科学考察

1908年，当时俄国沙皇的统治正处在政治动乱、社会不安的风雨飘摇之中，根本无暇顾及遥远的西伯利亚大爆炸事件。十月革命后，1927年2月初，苏联科学院批准陨石学家库利克领导第一支考察队进行第一次通古斯大爆炸科学考察。他们用斧子在处女针叶林带砍出了一条路，并发现大量的树倒伏在地上，森林已被夷为平地，所有的树枝都被剥得精光，到处是枯树林立、枝干焦黑的情景。在爆炸中心一片沼泽地周围，许多树木呈辐射状倒伏在距离坠落中心30多千米的范围内。被爆炸破坏的森林面积达2000多平方千米，当时他们始终没有找到陨石坠落的痕迹和任何陨石残骸。他们先后在爆炸区域发现了几十个平底浅坑，以及3个与月球表面的撞击坑相似、直径90～200米的爆炸坑。有些地方的冻土被融化变成了沼泽地。

1928年4月，库利克踏上了第二次去通古斯地区考察的征途。1929年2月，库利克领导第三次考察队进行实地考察，在结实的冻土里钻了一口34米深的钻孔，希望找到陨石撞击或撞击产物溅射的证据，但无果而终。

1938年，苏联科学院对通古斯地区进行了一次空中摄影勘查，他们发现倒伏的森林呈现“蝶形对称”的特点，总面积约2200平方千米，但仍然没有找到任何陨石撞击坑。1939年7月，库利克领导第四次科学考察队，重点对南沼泽进行勘察。苏联科学院在1940年批准了第五次通古斯考察队，但由于第二次世界大战爆发，考察队没有成行。

1961年和1991年，意大利考察队对通古斯大爆炸分别进行了第六次与第七次科学考察。他们在通古斯收集树脂中的尘粒，分析测试尘粒中的特征元素，为地外物体撞击提供了科学数据。

1998年是“通古斯大爆炸事件”90周年，俄罗斯组织了一次国际会议，会后组织科学家到当地实地考察。

1999年，意大利通古斯考察队进行了第八次科学考察，继续在通古斯进行地质勘测、钻孔取样、收集树脂中的尘粒和湖底沉积物，分析和研究地外物体撞击的证据。科学考察队在通古斯爆炸区域发现了一些细小的硅酸盐及磁铁矿圆玻璃珠，经过精细分析，这些圆玻璃珠富含镍和铱等铂族元素。科学考察队还在南极洲美国阿蒙森·斯科特考察基地钻取了大量冰岩芯进行分析，他们在相当于1908年的冰芯层位附近发现了亚毫米级的金属小球粒，并对冰样中的8个小球粒进行了成分分析，发现球粒中铱、镍和钴的含量反常地高，铱的含量高达56.9×10^{-6}克/克，这正是陨石成分的显著特征。

地球历史上的多次大型撞击事件都发现了爆炸过程形成的圆玻璃珠或金属小球粒，它们是小天体撞击地球，地面的靶岩石气化、熔融、冷凝后形成的产物，富含小天体的特殊成分铂族元素与镍等铁族元素。

1994年，我国学者侯泉林等对通古斯采集的样品进行了分析，也发现了铱的富集异常。根据爆炸沉积层样品的碳、氧等同位素组成的测定结果，$^{13}C/^{12}C$和$^{18}O/^{16}O$的比值异常，具有小天体的特征。

100多年来，解释通古斯大爆炸起因的“理论”至少有70多种，越来越多的研究成果支持小天体（小行星或彗星）撞击说。

1976年苏联科学院提出，希望获得一部记录世界规模最大的石陨石雨——吉林陨石雨的纪录性科学教育影片。当时长春电影制片厂、北京科教电影制片厂、北京新闻电影制片厂和上海科教电影制片厂的摄制组，曾分别随吉林陨石雨考察队在现场拍摄。我建议将北京科教电影制片厂拍摄的《吉林陨石雨》纪录片与苏联的《通古斯大爆炸》考察纪录片交换，我国也保存一份通古斯大爆炸的纪录影片。

恐龙灭绝的罪魁祸首

1954年，我在北京地质学院学习地史学，老师讲授地球的历史，要求熟记地质年表。当时，地质时代主要根据古生物的物种演化而划分。地球由中生代演变到新生代，也就是从白垩纪演化到第三纪的主要标志是以恐龙灭绝为代表的大批生物物种灭绝事件。当时地球上发生了重大的变故，使地球上70%的物种灭绝了。原因是什么？老师回答我们说：“不知道。”

1980年，美国的科学家从白垩纪与第三纪地层的界线层中分析各种微量元素含量，发现铂族元素和亲铁元素的含量异常高，这是陨石化学组成的特征。他们认为，在6500万年前，一颗小行星撞击地球带来的灾祸，造成大批生物物种灭绝事件。

1982年，我的研究生周磊开始研究恐龙灭绝事件。6500万年前，中国内陆地区只有西藏拉萨地区是海洋，称为特提斯海。由于后来的喜马拉雅运动，海底抬升形成喜马拉雅山脉。

周磊在拉萨附近的岗巴地区找到了海相沉积的白垩纪与第三纪地层的界线层，通过采样、分析、测试等研究，取得了新的认识。第一，白垩系–第三系地层剖面的界线层中，含有大量撞击过程产生的熔融状球粒。通过计算界线层中沉降熔融球粒的粒度与总量，反演撞击体的能量、熔融靶岩的总量，获得了尘埃沉降的持续时间。第二，在几厘米厚的界线层黏土中，发现铱、钌、钯、铑、铂、镍、铬、钴等铂族与亲铁元素含量异常高，比上下层位及地壳中同类元素含量的平均值高1～3个量级。第三，界线层中某些元素的相对比值，与地壳元素的相对比值差异极大，显示出典型的陨石物质的特征，表明界线层中有地外物质的“贡献”。第四，在界线层中发现了极少量的、由植物燃烧形成的炭灰。超强的冲击波使撞击区域的森林燃烧，森林大火引燃大区域甚至全球性大火。燃烧的炭灰与撞击溅射的撞击尘埃弥漫在大气层中，并逐渐沉降到海底的界线层中。第五，在界线层中发现超强冲击波使撞击区地面岩石的某些矿物结构更为致密，形成同质异构的超密矿物，如石英转变为柯石英。第六，系统测定地层剖面的碳、氧同位素组成，发现界线层的碳、氧同位素组成有明显的突变。碳同位素的系统研究，表明发生过大量生物物种的死亡与灭绝。氧同位素的系统研究，表明地球被撞击后气温明显下降，年平均温度下降了l2 ± 4℃，即当时的地球表面的年平均温度下降了12℃，地球表面成了一个昏暗的、寒冷的世界。经历近万年，地球逐渐恢复正常。

根据上述科学数据，可以估算出当时撞击地球的这颗小行星直径大约10千米。也有一些国家的科学家相继发表了类似的研究成果。但是，6500万年前这颗小行星撞击在地球的什么地方，没有任何信息报道。

1978年，美国的石油地质学家在墨西哥海湾的尤卡坦半岛发现了一个巨大的撞击坑——希克苏鲁伯撞击坑。撞击坑一部分在半岛上，另外一部分在海洋里，直径大约180千米。

他们通过长期的地质勘探和研究，于1990年确认希克苏鲁伯撞击坑形成于约6500万年前，在撞击坑的溅射物内发现有熔融的铁质和玻璃质的球粒，富含铂族元素和亲铁元素，熔融的撞击玻璃内携带有森林大火燃烧的灰烬。他们在撞击坑内外打钻取样，证实小行星撞击后当地产生了10～11级的强烈地震，撞击还诱发了全球性巨大海啸。他们根据数据估算，撞击体——小行星的直径大约10千米，撞击产生的能量达5.0×10^{23}焦耳，相当于120万亿吨TNT炸药爆炸的能量，也相当于60亿个广岛原子弹爆炸的威力。他们确证，撞击地球形成墨西哥希克苏鲁伯撞击坑的小行星是恐龙灭事件的罪魁祸首。

6500万年前，100多万种生物物种在地球上滋生繁衍，呈现出一

白垩系-第三系地层剖面的界线层中含有熔融状球粒

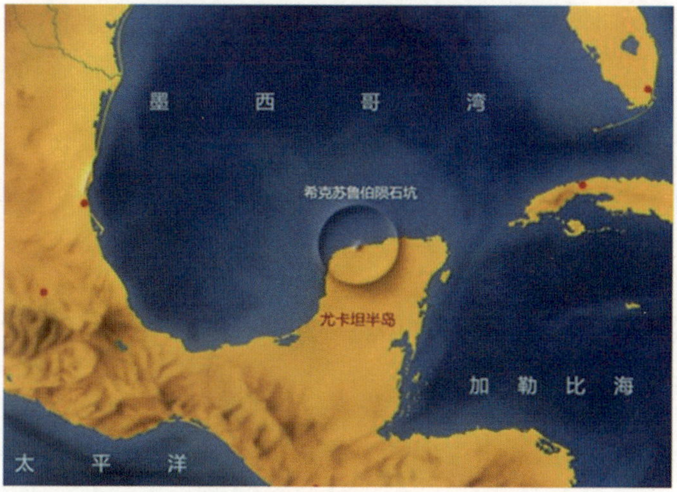

希克苏鲁伯撞击坑一部分在半岛上，另一部分在海洋中。

派欣欣向荣的景象。恐龙是当时地球上形体最大的物种，是生物界的霸主。一个直径大约10千米的小行星突然高速冲进地球的大气层，它压缩前端的大气，形成高温高压的强大的冲击波，并撞击地面。

极高压力与极高温度的冲击波，能摧毁前进方向上的一切生命物质，使一切可燃烧的物质燃烧，引起森林大火甚至全球大火。燃烧形成的灰烬与二氧化碳以及撞击靶岩溅射的尘埃及气溶胶，弥漫于高层大气中。超高温高压的冲击波使大气中的氮气形成氧化氮，造成强酸雨的沉降，会加速动物和植物的死亡及其地面的侵蚀。

强大的冲击波撞击地面，“挖掘”出一个直径180千米的撞击坑，相当于撞击体100～200倍的地壳岩石与土壤，受到高温高压冲击波的撞击而气化、熔融、破碎、溅射。小行星本身在高温高压的作用下爆炸、破碎、熔融、溅射。大量的尘埃和森林燃烧的灰烬在大气层中弥散。含有高浓度的粉尘和烟尘的高层大气，屏蔽太阳光和热辐射，地面接受的太阳辐射减少70%，地表急剧降温，海平面下降，冰雪覆盖面扩大。植物的光合作用受到抑制，大批植物死亡，以植物为食的动物因食物链中断而死亡；“黑暗的、寒冷的冬天”突然降临，新的冰期诞生，生物物种加速灭绝。

超强的冲击波撞击地面和海洋，产生巨大的地震与海啸，摧残地球的生命。海洋沿岸数千千米的地区沦为汪洋一片，大量的海水蒸发，被冲击波溅射并“挖掘”出的大量海底沉积物与岩石粉尘，抛射到平流层中滞留，海洋中大量生物死亡。

此后，地球经历漫长的生态重建，随着温室效应的加剧，气温升高，海平面上升，气候逐渐恢复正常。某些生物种属复苏，大批新的物种滋生、繁衍，地球又恢复了蓬勃生机。

意想不到的“福祉”

任何一件事情有负面作用往往也会带来正面影响，小天体撞击地球也给人类带来了一些福祉。

18.5亿年前，一个小行星撞击加拿大地区，撞击、“挖掘”出了一个直径100多千米的萨德贝里大撞击坑，我考察过这里。后来，这个撞击坑被构造运动挤扁，成为椭圆形。撞击坑里面和周围形成了全世界最大的铜矿、镍矿和铂金族元素矿的矿区，对促进加拿大的经济发展发挥了长期的重要作用。

小天体撞击地面以后，地下产生了很深的裂缝，深部大型基性岩浆进一步上升，在岩浆的熔离过程中又形成了超大型的铜镍矿和铂金族元素矿。

南非是全世界盛产黄金和钻石的国家。我考察过19亿年前小行星撞击南非维特沃特斯兰德盆地形成的弗里德佛撞击坑。小行星撞击后产生的撞击断裂带，为深部含矿的岩浆热液上升提供了通道，形成许多大型的金矿床。同时，撞击断裂带还诱发深部岩浆喷发，形成大量的金伯利型的金刚石矿。南非几乎所有的黄金矿和钻石矿都分布在撞击坑周围。

俄罗斯最近发现的位于西伯利亚雅库梯地区的撞击坑，是一个70万年前由于小行星撞击而形成的撞击坑。由于受撞击的地层中含有很多碳，撞击产生的高温和高压使碳转变成了钻石，现在他们已经开采钻石矿了。俄罗斯科学家估计，这些钻石可供全世界使用300年。

有些地球表面的撞击坑逐渐形成了湖泊，有些撞击坑经历漫长的地质历史演变，成为可供开采的煤矿、磷灰石矿和油气盆地等。还有些撞击坑成为秀丽的风景区，供人们游览、观赏。加拿大的一个撞击坑已成为很大的天然蓄水库。有些国家在撞击坑附近建设科普馆，将撞击坑开发成旅游和科普教育基地。

还有科学家设想能不能“抓”一个小行星来，让它就在月球的轨道运行，以便于我们开发开采。一个直径1千米、重量20亿吨的M型小行星，就可开采出3000万吨镍、150万吨钴和7500吨铂金。

灵神星（16 Psyche）距离地球3.7亿千米，直径200千米，科学家发现这颗金属小行星的主要成分是铁、镍、黄金、铂和铜。如果未来人类对灵神星进行采矿作业，并将矿产运送至地球，其资源价值约1000亿亿美元。

正如老子所说：“祸兮福所倚，福兮祸所伏。”事物有两面性，要辩证地分析和看待。

俄罗斯西伯利亚雅库梯撞击坑金刚石矿

正在露天开采的雅库梯撞击坑金刚石矿

雅库梯撞击坑产出的金刚石

规避小行星撞击地球

大家很担心，小行星以后还会不会撞击地球？我认为会！因为这是自然现象，但人类对如何规避这种撞击，提了很多方案。我参加过一次“人类紧急状态会议”，其中有一项议题就是“规避小行星撞击地球”。现在全世界的科学家正联合监测小行星，实施了全球联网监测、早期发现预警等措施。各国建立了小行星观测数据库，提前了解具有潜在威胁的小行星的轨道参数等，取得了一系列的重要成果。科学家提出了各种方案规避小行星撞击地球的危害，这些方案要进行精密可靠和可行的研究与评估，主要有以下几种方案：

第一，发射人造探测器撞击小天体，使小行星改变轨道，使之与地球擦肩而过；第二，发射人造探测器，把它调整到和小行星平行的轨道，并使两者的相对速度为零，然后用机械力推动小行星，使之改变轨道；第三，在小行星体表面安装一台大型火箭发动机，或者一个“太阳帆”，把小行星从撞击地球的轨道上推开；第四，改变小行星表面颜色以改变其反照率和吸热率，使小行星自行改变轨道；第五，用核装置直接炸毁小行星，以减小其撞击地球的危害性等。

美国国家航空航天局即将于2021年7月实施“双小行星重定向测试（DART）任务”，其核心任务是测试一种偏离策略，将一颗重达0.5吨的探测器撞击一颗正在接近地球的小行星，最终使小行星偏离原有轨道。2022年10月，在距离地球1040万千米的太空区域，一颗冰箱大小的空间探测器将接近一颗名为“迪蒂莫斯（Didymos）”的双小行星系统，大的小行星直径约800米，小的小行星（又称“迪蒂莫斯小行星的卫星”）直径约150米。探测器撞击的目标是“迪蒂莫斯小行星的卫星”，迫使它改变航向。这项技术未来或许将帮助人类规避小天体撞击地球的风险。陆基望远镜能够直接观测到探测器围绕体积较大的小行星轨道运行时间的变化，从而测算、评估碰撞产生的影响。

在DART探测器以2.5万千米/小时的速度碰撞“迪蒂莫斯小行星

美国即将实施“双小行星重定向测试任务”

的卫星”之前，探测器将释放一个鞋盒大小的相机，该相机能观察记录探测器撞向迪蒂莫斯卫星的过程，并且拍摄卫星、碎片，甚至可能拍到碰撞时形成的撞击坑。预计此次碰撞可能会使这颗卫星的轨道发生变化。

随着当代科学技术的发展，人类完全有智慧和能力防御小天体撞击地球事件的发生，保护地球的万物生灵。

六
世界月球探测高潮

1958～1976年，苏联和美国掀起了人类第一次月球探测高潮，全面促进了人类社会的经济、科技、军事的发展。人类终于冲出地球“摇篮”，开始向太阳系的星辰大海挺进。20世纪末至今20多年来，中国、美国、俄罗斯、日本、印度、韩国、巴西、以色列及欧洲空间局等十几个国家和组织陆续提出了“重返月球”的计划，发射了20多次月球探测器。中国根据《中国月球探测的发展战略与规划》的要求，实施了无人月球探测阶段的绕月探测、落月探测和取样返回，成功实施了“嫦娥”系列探测器一号、二号、三号、四号、五号的探测任务。在第二次探月高潮中，中国的月球探测发挥了带头作用。

世界第一次月球探测高潮概况

1957年，苏联成功发射了世界第一颗人造地球卫星，拉开了人类空间时代的“帷幕”。从1958年开始，美国、苏联两个超级大国为了空间霸权的争夺和“冷战”的需要，在月球探测与载人登月领域展开了激烈的竞争。

美国、苏联两国于1960年开展火星探测。1961年，苏联航天员尤里·加加林乘宇宙飞船绕地球一周，首次实现了人类遨游太空的愿望。1969年7月16日，美国航天员尼尔·阿姆斯特朗和艾·奥尔德林乘“阿波罗11号”登月舱实现了人类首次登陆月球，他们开展了月球科学考察，并采集28千克月球土壤和岩石样品返回地球。美国共成功实施了6次载人登月，12名美国航天员登陆过月球。

迄今为止的整整半个多世纪，全人类也只有这12名航天员离开过地球，登陆到地球外的另外一个天体——月球。苏联由于重型火箭试验屡屡失败，无法实施载人登月，在这场竞争中彻底失败，空间霸权由美国独揽。

1958～1976年，在由美国、苏联两国掀起的人类第一次月球探测高潮中，两国一共发射了108次月球探测器，成功65次，失败43次，成功率约60%，失败率约40%。美国一共发射了49次月球探测

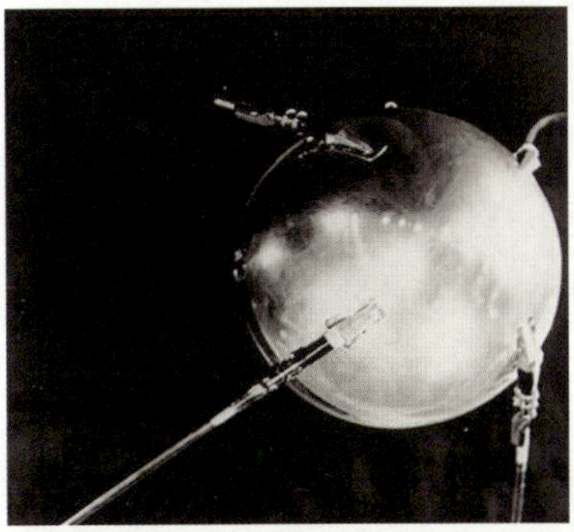

苏联“月球1号”探测器

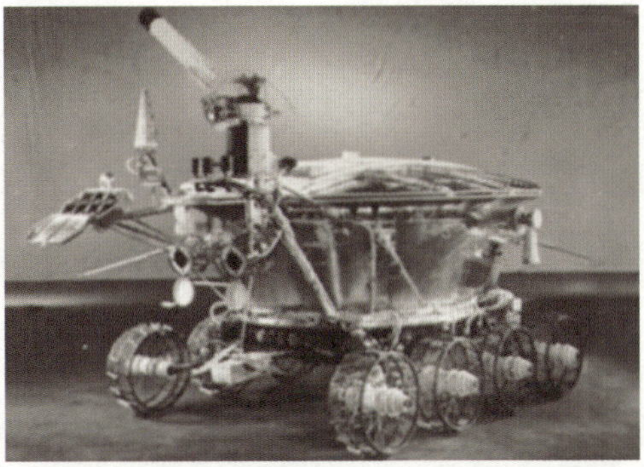

苏联“月球步行者1号”月球车

1969年，美国航天员阿姆斯特朗和奥尔德林登陆月球静海地区，并在月面插上美国国旗。

器（包括载人登月的登月舱和返回的指令舱），成功34次，失败15次，成功率69.4%；苏联一共发射了59次月球探测器，成功31次，失败28次，成功率52.5%。

1958年，美国先后发射了“先驱者号”系列的4个月球探测器，苏联发射了“月球号”系列的3个探测器，但很遗憾全部失败。1959年以后，美国、苏联两国发射月球探测器的成功率逐渐提高，探测方式也逐步多样化，实现了探测器在月球上硬着陆、飞越月球探测、轨道器环绕月球探测、着陆器与月球车的月面软着陆探测、载人绕月探测和载人登陆月球。

美国实施“阿波罗”载人登月计划进展

苏联在月球探测竞赛初期具有领先优势。为了一举击败苏联，1961年，时任美国总统肯尼迪提出要在20世纪60年代的10年内，将美国航天员送上月球。在实施载人登月之前，美国先后发射了41个月球探测器，开展了系统的月球探测活动，进行了载人环绕月球飞行和登月舱着陆试验，加速研制“土星5号”大推力火箭和“阿波罗”载人飞船，为载人登月做了充分的科学、技术与工程上的准备。

1969年7月16日，“阿波罗11号”点火升空，历时5天，于北京时间7月21日4时17分登月舱在月球静海地区着陆，航天员阿姆斯特朗和奥尔德林相继踏上月球表面，开创了人类历史上首次登陆地球以外的另一个天体的新纪元，实现了人类历史上的伟大创举。阿姆斯特朗登上月球时的那句话——“这是我个人迈出的一小步，却是人类的一大步”，成为传颂至今的名言。

1969～1972年，“阿波罗11号”“阿波罗12号”“阿波罗14号”“阿波罗15号”“阿波罗16号”和“阿波罗17号”都成功实现了载人登月，航天员安全返回地球。6次载人登月实现了12名美国航天员登陆月球，从1969年至今的50多年，仍然没有其他国家的航天员登陆过月球。

阿波罗载人登月一共采集月球土壤和岩石样品381.7千克，在后“阿波罗”时期，全世界相关领域的科学家对“阿波罗”月球样

1969年7月21日，“阿波罗11号”登陆舱着陆月球静海地区，航天员走下舷梯到达月面。

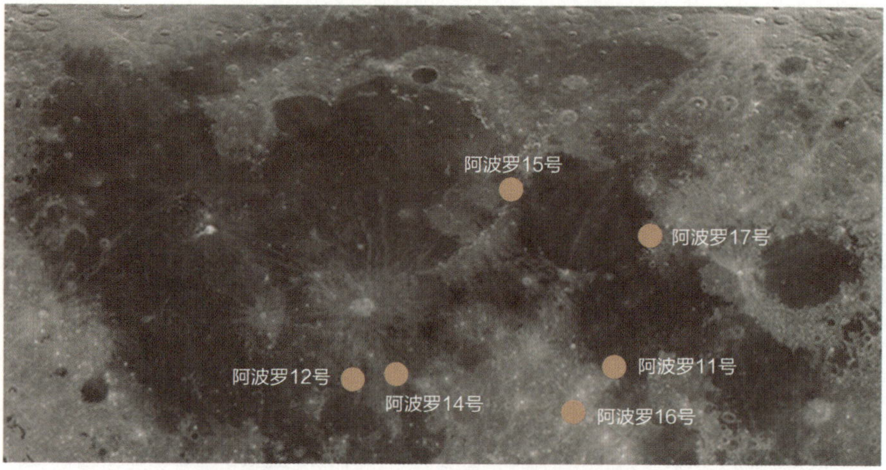

美国6次“阿波罗”载人登月的着陆位置

品进行了深入和系统的研究，在每年召开的全球性“月球与行星科学讨论会”上，科学家会围绕数百篇研究论文进行交流。每年有数百篇各类期刊文章报道月球探测的新成果。月球样品的分析测试技术得到了前所未有的提高与发展，新的分析测试技术和仪器不断涌现，也推动了相关学科的不断进步。

“阿波罗”计划的工程总投资约254亿美元，若把物价上涨因素考虑在内，这笔资金在2005年相当于1360亿美元，是当时投资规模最大的巨型科学工程。参加“阿波罗”计划的有2万多家企业、200多所大学、80多个研究机构，前后参与研制工作的总人数超过40万。“阿波罗”计划突破了大量的关键技术，将人类的航天技术水平推上了前所未有的高度，推动20世纪60 ~ 70年代产生了液体燃料火箭、微波雷达、无线电制导、合成材料、计算机等一大批高科技工业群体。

“阿波罗”计划派生出了约3000种应用技术成果，如航天航空、军事、通信、材料、医疗卫生、计算机和其他民用科技，后来美国又将该计划中取得的技术进步成果向民用领域转移，带动了整个科技的发展与工业繁荣，其二次开发应用所产生的效益，远远超过“阿波罗”计划本身所带来的直接经济效益与社会效益。据美国大通银行（CHASE）研究会测算，美国“阿波罗”计划的投入产出比为1：14，全面促进了人类社会的经济、科技、军事的发展，取得了巨大的经济效益和社会效益。

“阿波罗”计划的实施，促进了人类对月球和地月系的起源与演化、月球表面环境、地形地貌、地质构造、化学组成与岩石类型、内部结构以及资源的开发利用前景等形成比较完整而系统的认识，对月球科学新体系的构建起了不可替代的重大作用。“阿波罗”计划首次建立了地球-月球的激光测距系统，精确测定了地球与月球的距离变化；首次构建了月球的月震监测网络，精确划分了月球内部结构——月核、月幔和月壳的深度边界，记录了小天体撞击月球频率、位置和能量大小。“阿波罗”计划还推动了月球科学、比较行星学、太阳系起源与演化学、空间科学等多门学科的快速发展和深化完善。

“阿波罗”计划是人类历史上一项规模巨大、涉及领域广泛、引领科技发展、推动产业繁荣、提高管理科学水平、培养科技人才队伍的伟大科学工程，也集中表现了人类敢于探索、不畏艰险、勇于攀登的科学精神，是人类的一项壮举。

惊世骗局与真相大白

自“阿波罗11号”的两名美国航天员登上月球以来，总有一股质疑“阿波罗”载人登月的“阴谋论”声音在广为流传，乃至甚嚣尘上。

“阴谋论”列举了大量的“证据”，认为“阿波罗11号”登月事件纯属弥天大谎，完全是美国航空航天局（NASA）的阴谋；“阿波罗11号”飞船中的航天员从未登陆月球，航天员登陆月球的照片是在美国内华达州沙漠中被称为“梦幻之地”的军事禁区“51区”拍摄的，或者是在摄影棚中拍摄伪造的。美国人比尔·凯信出版了一本书《We Never Went To The Moon》（《我们从未到过月球》），列举了大量的怀疑论调。通过媒体的炒作，1979年约6%的美国公众相信“阴谋论”，1999年这一比例达到了11%，如今竟然上升到22%（约6000万人）。随着“阴谋论”在网络上传播，各国的信徒也愈来愈多，已近2亿人。

“阿波罗”登月“阴谋论”的提出者称，“仔细鉴定”美国航空航天局公布的登月录像和照片后，发现了许多无法解释，甚至自相矛盾的漏洞，典型的“论据”有：月球表面属于真空环境，为什么登月航天员插在月面上的美国国旗却“迎风招展”；月球白昼的天空是漆黑的，星星却是闪亮的，为什么拍了20多万张照片却拍不到一颗星星；月球表面只有一个光源——太阳，为什么有时航天员有两个阴影；航天员在月球表面行走的脚印，不可能如此清晰；2007年日本发射的“月亮女神号”月球探测器在经过“阿波罗15号”和“阿波罗17号”着陆区的上空时，没有发现它们遗留在月面上的月球车和着陆器，也没有发现任何人为活动的痕迹……

在一次国际月球科学学术讨论会上，我与美国航空航天局的官员交谈，我说：“现在网络上有越来越多的人对‘阿波罗’载人登月提出质疑，认为‘阿波罗’载人登月完全是一个弥天大谎，是一场惊世的骗局，建议你们应该做出一些解释。”他们很藐视地说：“我们不予理睬！”我说：“对于每一条质疑，我都只要一分钟就可以说清楚。你们不予理睬，人们就以为你们做贼心虚、不敢回

《我们从未到过月球》一书开启了此后几十年的登月“阴谋论”

"阿波罗11号"航天员奥尔德林与插在月面的美国国旗

月球白昼的天空仍是漆黑的，相机拍不到天空中的星光。

阿姆斯特朗拍摄的奥尔德林在月面留下的脚印

答。"他们理直气壮地说："我们就是不予理睬！我们一直在陈述事实。"

"阿波罗"载人登月"阴谋论"的制造者在制造另一个"阴谋"，他们不断提出一些似是而非的"论据"，广为传播，制造一轮又一轮跌宕起伏的高潮，吊着公众的胃口，引发公众对科学的兴趣，让公众在时隔50多年之后的今天仍热度不减地关注"阿波罗"载人登月。实际上美国制造了一场世界科学史上参与人数最多（约2亿人）、持续时间最长（约50年）、争论最激烈、完全自发的科普运动，让广大公众关注美国的科学进步，从而提高公众的科学判断能力。也许他们是以一种别致的、巧妙的、积极的方式长久地宣传美国载人登月的伟大成就，对于这一场全球性自发的科普运动，美国航空航天局却没有花一分钱。

2009年，距离"阿波罗11号"载人登月已经40年，美国发射的

2009年美国发射的“月球勘测轨道器”

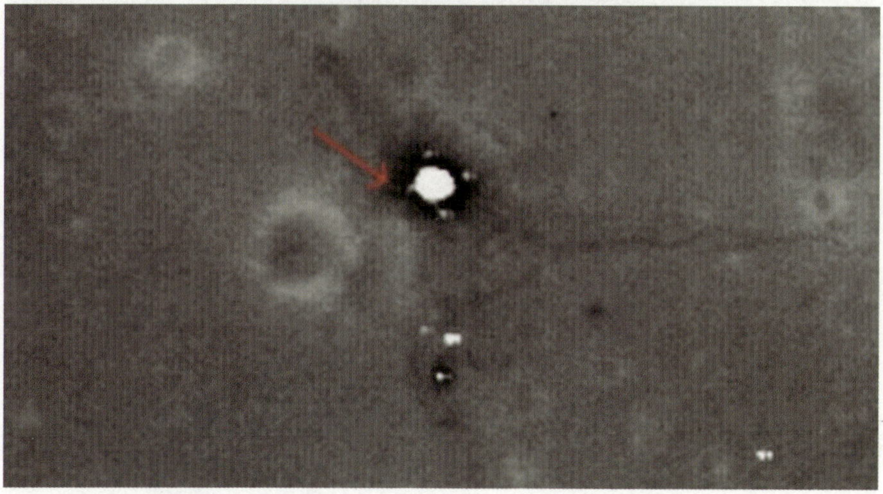

在高分辨率相机拍摄的照片上，可以看到“阿波罗11号”的登月舱、舷梯、埋设的仪器和航天员行走的路线。

“月球勘测轨道器”绕月飞行，途径历次“阿波罗”载人登月的着陆区。其上的高分辨率相机拍摄到历次“阿波罗”载人登月着陆区的“遗址”，清晰地再现了昔日的情景。

“阿波罗11号”载人登月舱着陆在静海黑色玄武岩广泛分布的平原地区，照片中清晰显示出登陆舱的位置，红色箭头指向登陆舱的舷梯，周围分布着航天员埋设的科学探测仪器，黑色线路是航天员行走的路线。由于月球表面属于超高真空环境，没有任何天气变化，航天员行走时将鞋底部的土壤带出来，与月球表面的土壤颜色有差异，航天员行走的小路将保存数百年。航天员在月面工作2小时10分钟，采集月球样品28千克。

“阿波罗14号”的着陆区的照片，图右下方是“阿波罗14号”

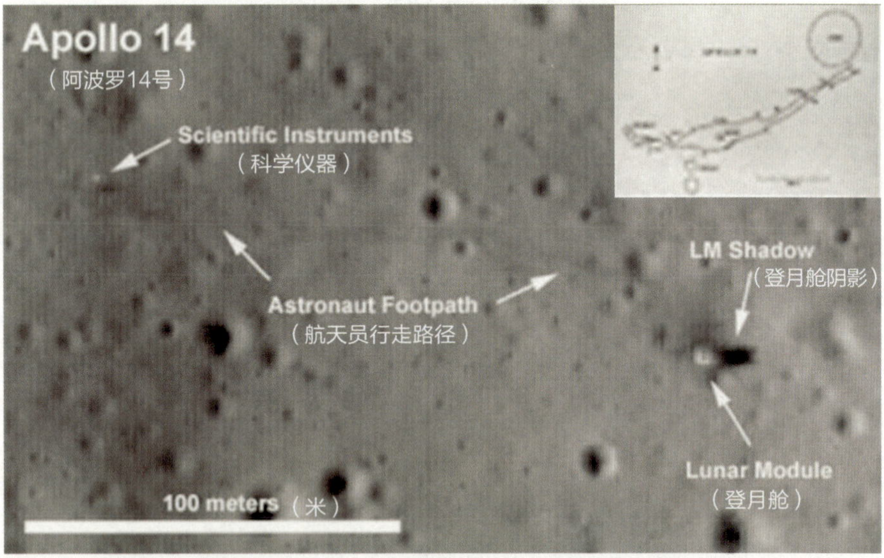

高分辨率相机拍摄的“阿波罗14号”着陆区的照片

“阿波罗15号”上的月球车“巡行者1号”及其车辙

2009年7月“月球勘测轨道器”拍摄的“巡行者1号”及其车辙

的登月舱的着陆位置，照片中显示出登月舱的阴影。照片中部是航天员携带仪器行走的路径，照片左上部标明了仪器埋设的位置。右上部是当时报道的航天员工作行走的路径。航天员在月面工作9小时29分钟，采集月球样品42千克。

1971年，“阿波罗15号”航天员在月面乘坐“巡行者1号”月球车由着陆位置开始行走，行程27千米，采集月球样品77千克，进行科学考察，最后把月球车遗弃在当地。2009年拍摄的照片，重现了当时的现场。

“阿波罗16号”着陆区位置和“阿波罗17号”着陆区位置的照

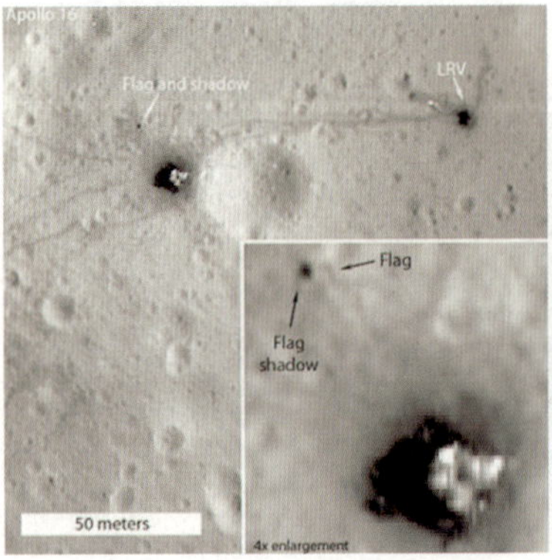

“阿波罗16号”登陆舱的着陆位置、国旗位置与阴影以及航天员行走和“巡行者2号”月球车行走的路径图

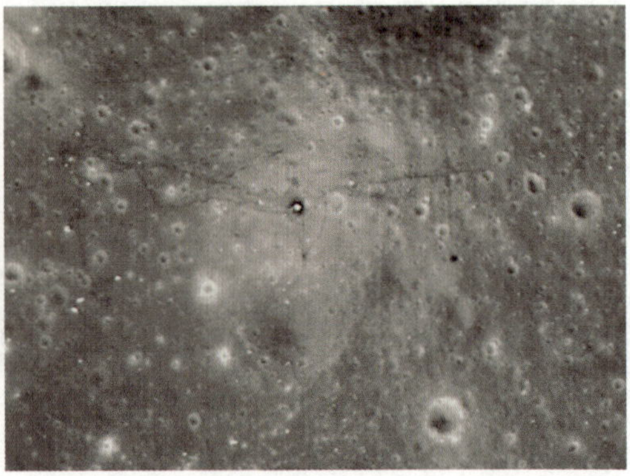

“阿波罗17号”登陆舱的着陆位置、国旗位置与阴影以及航天员行走和“巡行者3号”月球车行走的路径图

片显示出登陆舱的准确位置以及插国旗的位置及国旗的阴影，“巡行者2号”和“巡行者3号”月球车的行走路径分别是27.1千米和36千米，采集样品分别是96千克和105千克。航天员的月球车行走路径，与当时媒体的报道完全一致。

1978年，中国对“阿波罗17号”的岩石样品做过系统性研究，发表了14篇研究论文。“阿波罗”月球样品的研究还不断涌现出新的研究成果。事实胜于雄辩，全世界参与月球和行星探测及研究的科学家没有持“阴谋论”观点的学者。“阿波罗”载人登月是一场“惊世骗局”的论调可以休矣！

七
难以割舍的探月情

根据形势和研究任务的特殊需要，我们从北京迁往大三线贵阳市，成立了中国科学院地球化学研究所，这是中国科学院系统唯一落地在贵阳的研究所。由于贵州省当时是一个欠发达的地区，研究所在科研条件保障、国内外学术交流、优秀科技人才吸引等方面，都存在着很多意想不到的困难。在贵州省委和政府的大力支持下，以及研究所全体同仁的共同努力下，地球化学研究所的业绩一度在中国科学院系统中名列前茅。我在贵州的岁月里,完成了地下核试验的相关任务,担负起中国月球与深空探测的重任，我感恩贵州人民、省委和省政府对我的教育、关爱及支持！我在贵州已经有 55 年,贵州是我的第二故乡。我深深地爱着你——贵州。

振兴地球化学研究所

1966年，中国科学院地质研究所一部分涉及国防、新型资源与能源、相关新技术等研究领域的科技人员和研究实验室，准备成建制地搬迁到贵阳，成立中国科学院地球化学研究所。经历“文化大革命”艰难岁月的磨难，地球化学研究所终于在贵阳“站立”起来了。

贵州是一个欠发达地区，工业基础薄弱，基础建设落后，地少人多，土地贫瘠。贵州流传一句民间谚语：“天无三日晴，地无三尺平，人无三分银。”1979年，涂光炽先生担任地球化学研究所所长，我担任副所长，协助涂先生管理研究所的研究与行政事务；涂先生担任中国矿物岩石地球化学学会理事长，我担任秘书长与副理事长，协助涂先生管理学会事务。

由于中国科学院在贵州省只有一个孤零零的研究所，研究所归属于中国科学院资源环境科学局和中国科学院成都分院管辖。有时候地球化学研究所发不出工资，我到成都分院求援，先借钱以解燃眉之急。每年提升研究人员职称的指标数太少，我去中国科学院人事局请求增加名额指标。

我们在贵阳好像是一个被遗忘的研究所。我们所需要的各种材料、试剂、零部件几乎都在外地购买。研究所开展学术交流困难重重，吸引人才更是难上加难，难免有一部分科技人员认为，研究所应该搬迁到一个开放的城市，尤其是技术保障条件和人才前景比较好的地方。大家建议，如果研究所搬迁到南京，可以联合南京古生物研究所、南京土壤研究所、南京地理与湖泊研究所、南京大学地质系，组成中国南京地球科学研究中心。

1983年，在得到涂光炽所长同意后，我出差到南京，向时任江苏省省长顾秀莲做汇报，建议在南京城区内长江北部的泰山新村建立中国科学院地球化学研究所，我很幸运地得到她的大力支持。我满怀希望地回到贵阳，向涂先生汇报。上报中国科学院的文件得到国家科学技术委员会的批复，我们挨了一顿批评。原来，我们的方向错了，现在国家提倡科研力量由一线和二线城市搬迁到三线城市，而不是由三线迁回一线，我们的想法是“倒流”。

我们只有一条路，自己要争气——自强。我们认真组织研究所的全体力量，准备承担国家重大任务，开拓新的有国际竞争力的基础研究课题，更新研究实验设备，做出国际一流的研究成果。贵州省委和省政府对地球化学研究所的成长和发展给予了极大的关爱和支持。涂先生提出把地球化学研究所办成一流的研究所、一流的人才培养基地、一流的地球化学研究实验基地、一流的学会，出版一流的学术期刊，培养一流的人才。我们朝着这个目标，不断踏踏实实地提高和进步，加强国内外学术和人才交流，逐渐取得成果。地

欧阳自远与其早期的研究生，左起：周磊、李斌、欧阳自远、曹鉴秋、肖小月、林杨挺。

球化学研究所的科技人员队伍不断扩展，从300多人增长到800人，承担了更多高、精、尖的科研项目，得到了更多的科研经费，取得了更加丰硕的研究成果，培养了一批批高水平的科研人才，研究所在中国科学院108个研究所中的排名上升到第三名。

“文化大革命”后期，研究所的研究工作逐渐恢复秩序，我开始招收研究生。我希望培养一批开展地外物质研究的中国领军人物，从事开创性的研究，为中国进入空间时代提供人才储备。报考我名下的研究生比较多，录取后研究所只允许我带两名研究生，其他研究生要分配给别的导师。在第一批研究生中我选了两名，安排曹鉴秋研究铁陨石的矿物成分、结构与成因，李斌研究玻璃陨石的成分特征与撞击形成过程。第二批研究生中周磊研究小天体撞击地球及诱发恐龙灭绝事件的起因、过程与后期影响，肖小月研究平流层收集的宇宙尘埃的成分、矿物组成与来源。第三批研究生中的林杨挺研究太阳星云元素分布、分馏、凝聚过程与太阳系形成的天体化学特征……他们都取得了优秀成绩。为了使他们继续深造，我分别安排他们到美国、德国和日本攻读博士学位。此后，来学习天体化学、月球与行星科学的研究生越来越多，学生毕业后绝大部分都被我派往先进国家继续深造。经过几十年的培养积累，中国天体化学、月球与行星科学的基本研究队伍逐渐形成了。

1970年，中国科学院地球化学研究所在贵阳站稳了脚跟，我的两个小孩也在附近的南明小学读书。我把远在江西永新、年事已高的父母接到贵阳，期盼他们能和我们团团圆圆地安度晚年。1971年，我家又添了一个小女儿。

三代同堂

我要在贵阳坚守

1988年，我担任中国科学院地球化学研究所所长，根据中国科学院党组的决定，研究所将在广州兼并中国科学院广州新技术研究所，就地建立中国科学院地球化学研究所广州分部。为了保持学科整体优势，促进科技进步和地方经济发展，我们选择了一些优势学科，将有机地球化学、同位素地球化学和遥感地球化学等300多名科技人员和相关实验设备成建制搬迁至广州。大家一致要求我兼任广州分部主任，以方便协调两地工作。1997年，广州分部条件具备，工作步入正常，正式更名为“中国科学院广州地球化学研究所”。

1988年，中国科学院党组决定在西安建立中国科学院西安黄土与第四纪研究室。黄土与第四纪研究是具有中国特色的研究领域，涉及我国西北地区经济发展和环境修复，对全球气候变化研究有重大科学和实践意义。西安是黄土高原的中心城市，在开展黄土与第四纪研究方面具有得天独厚的优势。我们请安芷生先生在研究所优选人才，组成一支精干的研究队伍。中国科学院西安黄土与第四纪研究室最早获得了“中国黄土与第四纪国家重点实验室”称号。1994年，研究室正式更名为“中国科学院地球环境研究所”。

1990年，中国科学院党组决定，下调令通知我到北京担任中

1988年，欧阳自远接任中国科学院地球化学研究所所长，涂光炽老所长对他寄予希望。

国科学院资源环境科学局局长。我在所务会议上公布了院党组的调令，很快全研究所的人都知道了。全所的研究员三三两两议论，他们准备给周光召院长写一封信，希望院党组允许欧阳自远继续担任或兼任地球化学研究所所长。

我赶到北京向中国科学院报到，科学院行政管理局安排我住在中关村第一招待所。第二天，周光召院长通知我到他的办公室，与我谈话。一进门院长便要我坐下，他说："科学院的各个业务局局长的职务，我们希望由这个领域的科学家担任，所以把你调到北京来。资源环境科学局主要联系和协调地质、地球物理、地球化学、古生物、古脊椎动物与古人类、石油与天然气、地理、海洋、湖泊、沙漠、冰川、土壤、盐湖等，涉及地理、生态、环境、大气和地球内部结构相关的41个研究所的工作，还有一些野外观测台站等，担子很重，门类很庞杂，要根据国家需要和国际科学发展趋势提出重大研究任务与课题，组织力量联合攻关。你如何做？"我回答："我知道，边学边做，努力做好工作。"

周院长问："要不要把户口迁到北京来？"我回答："没有办，也不准备办。"院长说："我调到北京来任职的人，都很积极地去办理北京户口。你为什么不办？"我回答："1966年，我们从北京搬迁到'三线'地区贵阳，300多个难兄难弟一起到贵阳，现在我一个人把户口迁回北京，对不起这一批同甘共苦的兄弟，以后我没有脸面见他们，谢谢您，我就不办啦。"

周院长始终面带微笑，说：“机关的财务知道，你现在在北京工作，应该给你发北京标准的工资。”我回答：“谢谢院长，贵阳的工资虽然比不上北京高，可能只有北京的一半多，对我已经足够了。每个月我能够得到贵阳的工资，总感到我还是贵阳地球化学研究所的人。”

周院长说：“还有一件事情，你们研究所的研究员给我写了一封信，希望你继续担任所长。科学院有规定，主管局的局长不能兼任研究所所长。”我说：“我没有意见，请领导决定。”他接着说：“我们研究了这一封信。言之有理，我们同意。不过你要注意，不能胳膊肘往‘里’拐！”我们都哈哈大笑。我说：“感谢您的提醒，请您相信我。”

最后我向周院长提出一个请求：“院长，请您答应我一个请求，我在资源环境科学局一定会好好工作，认真完成各项任务，做完一个任期之后，请您放我回贵阳，我还想在地球化学研究所坚守。”院长很高兴地点头，他说：“我知道了，好！好！”然后，他高高兴兴地送我出门。

我在中国科学院资源环境科学局工作整整4年，没有领取过中国科学院机关的一分钱工资，一直领取中国科学院地球化学研究所的研究员工资。

1991年，我当选为中国科学院学部委员（后更名为“中国科学院院士”），1993年我如期回到地球化学研究所。

探月情深

1980～1990年，有两次地方人大和政府换届选举。第一次贵州省委领导找我谈话，通知我中央组织部同意贵州省委的提名，他说："省委提名你担任贵州省副省长，主管教科文卫体，他们很快就会来考察候选人，你做好准备，也会找你谈话。"

回来的路上，我非常感激贵州省委对我的关爱与信任。如果我去省政府工作，我一定会全力以赴，不怕担子重、压力大，尽心尽力做好工作。但是，我再也没有时间和精力从事中国的月球和行星探测工作，二者不可兼得啊！

人类已经进入空间时代，全世界都在积极准备迎接第二次探月高潮的到来。我们正在综合分析与总结美国和苏联探测月球及行星的计划、实施过程、探测成果，结合中国的实际提出中国月球探测的发展战略与规划；我们已经开展了各类地外物质研究，"阿波罗"的月球样品分析与研究也已经进入世界先进行列；我们还要建立更高水平的实验室，培养一批年轻的从事月球与行星探测的科学家。

中国很快将要实施载人航天工程，时不待我，不能耽误。我下定决心，找几位贵州省的领导同志，帮助我与中组部的考察组说明情况，我还是难以割舍对探测月球的这一份深情。中组部的领导也找我谈话，我十分诚恳地说出了心里话，得到了他们的理解。他们同意我的请求，不参加提名副省长的选举。

第二次换届选举时，我还是被提名了，探月工程的准备工作更为紧张，大致与第一次相似。

1991年底，王朝文省长找我谈话，对我说："1992年2月，我们要召开贵州省人民代表大会，省委提名你为省人大常委会副主任候选人，中组部也批准了，当然能不能被选上还要看人大代表们的投票选举。你就不要再推了，答应吧！人大副主任没有副省长忙，可以兼顾嘛！"他赶紧又补充了一句："再不答应，人家会说你太清高啦！"我无言以对，只能点头，表示感谢。

1992年2月，贵州省人民代表大会选举后，宣布当选的省人大常务委员会副主任中有我在内。第二天省委书记刘振威参加我们的主任分工会议并宣布，我分工主管省人大财政经济委员会和环境资源委员会，并担任两个委员会的主任。我当时提出，我对财政经济一窍不通，完全不懂，在副主任中有两位熟悉财政经济工作的老领导，请求他们来担任更合适。很多人都笑起来了，刘书记也笑着说："欧阳主任，经济发展要依靠科技。"

1993年，从江西调来的江西省委原副书记、省政协原主席刘方仁担任贵州省委书记和省人大常委会主任，他很快了解了我的情况，告诉我："财经委和环资委的同志反映，你认真负责，发扬民主，虚心听取大家意见，善于综合大家的意见做出决定，重点突出，有条有理，委员会的立法、执法检查等各方面的工作做得重点突出，兼顾全局，成绩很大。你的研究工作很忙，担子很重，我们很心疼，请多保重！”

方仁书记很郑重地对我说：“我们做了一个决定，两个委员会的日常工作请副主任多承担，你不要天天来上班，通知你来你再来省人大，让你有更多时间和精力搞中国的月球探测和中国科学院的工作。”我真诚地感谢他对我的关爱和支持。

1995年，贵州省人大财经委员会和环境资源委员会视察红枫湖生态环境。

八

中国探月工程的进展

自 1958 年苏联和美国开始探测月球以来，我们一方面跟踪调查、分析与研究两国的月球探测计划、发展战略、探测方案、实施过程、探测成果与经验教训；另一方面，开展各类地外物质研究，加快培养一支青年科学家队伍，积极筹建一些关键性的研究实验室。我们经历了 35 年的中国月球探测科学研究人才培育与实验室的建设准备；10 年的系统论证，包括中国月球探测的必要性与可行性研究、发展战略与长远规划及中国首次月球探测的科学目标制订；2004 年“嫦娥一号”立项以来，国家成功实施无人月球探测阶段的绕月探测、落月探测和取样返回，我们又进行了 18 年的月球探测实践与科学应用研究。总之，在这 63 年中，是国家探月工程的进展引领和培育了我的成长。

35年的科学研究储备（1958～1993年）

中国要进入空间时代，首先要具备进入空间的技术和能力。在新中国成立不久，百废待兴、一穷二白的条件下，中国目标明确、意志坚定、排除万难，组织各方面优秀力量突破关键技术，研制火箭、导弹、卫星、航天器及相应的测控通信技术，进行发射场的建设与应用等。中国的卫星研制与应用和中国载人航天工程的实施，取得了一系列突破性成就，中国进入了世界空间大国的行列。中国人要离开人类的摇篮——地球，飞向遥远的月球与火星开展科学探测，还要进一步向太阳系的星辰大海挺进。

我们是这个宏大队伍中的一支小分队，负责研究和设计科学探测目标，探测数据接收、处理和解释等。

1958年，正是世界第一次探月高潮开始的一年。探月研究为人类空间时代开辟了一个新的方向，也是人类推动科学技术进步和社会经济发展的重要途径。为了吸取先行国家的经验与教训，我们要密切结合国情，思考中国开展月球探测的目标、途径、步骤和方法。

一方面我们调查分析与研究苏联和美国月球探测的规划思路、实施方案、技术水平与能力、探测成果及其意义。另一方面，我们必须建立相关的研究实验室，配置相关的仪器设备；我们必须尽快培养一支知识基础坚实、实验技术娴熟、团结协作的研究与实验队伍。

我们开始在国内以及南极地区收集各类“地外物质”——各类陨石和宇宙尘开展系统研究，研究“阿波罗17号”月球岩石样品，开展小行星撞击地球诱发生态环境灾变与生物灭绝事件研究。我们发表了300多篇研究论文，出版了《核转变能与地球物质的演化》《天体化学》《小天体撞击与古环境灾变：新生代六次撞击事件的研究》《小天体撞击与古环境灾变》《恐龙绝灭之谜》《行星地球的形成与演化》《我们只有一个地球》《月球探秘》《月球——人类走向太空的前哨站》《永远的月球梦》《空间化学》《中国探月不是梦》等著作。

1992年，国家批准实施中国载人航天工程，表明中国开展月球探测的条件正在加快形成，这让我们受到极大的鼓舞和激励。当时我们从事月球探测的科学研究队伍已经成长了起来，相关专业配置比较合理，绝大多数人员经过研究生独立工作的培养训练，都能独当一面。正在建立的相关实验室初具规模，再与国内研究所和大专院校的特色实验室合作，可以形成一个联合体，应有能力承担今后的各项研究实验任务。万事开头难，我们的科学研究储备历经了35年光阴。

10年的科学论证（1993～2002年）

1993年，国家“863评审专家组”同意开展中国月球探测的系统论证。“863项目课题组”资助我们先提交一份研究报告《中国开展月球探测的必要性与可行性研究》，要求论证紧密结合国情、国际发展趋势和中国的能力。经过一年多的调查、分析和研究，我们向“863评审专家组”提交了报告。在评审会议上，“863评审专家组”认真听取了我们的报告，经过讨论，完全同意报告的分析研究内容和结论，认为中国开展月球探测非常有必要，完全有可能，具有切实的可行性。

我们得到“863项目课题组”和中国科学院新技术局的大力支持，他们要求我们提交第二份报告《中国开展月球探测的发展战略与长远规划研究》。经过两年多的调查和研究，我们提交了书面文字报告及相关附件。

我们提出，中国的月球探测划分为三个阶段：第一阶段为“无人（不载人）月球探测”，第二阶段为“载人登月”，第三阶段为“建设月球基地，开发利用月球环境与资源”。第一阶段“无人月球探测”划分为三期，即绕月探测、落月探测和取样返回三期。在准备报告期间，我有幸向时任国防科工委栾恩杰副主任做汇报，他是中国航天领域的专家型领导。我向他汇报月球探测的发展战略与长远规划，他很赞同我们的分析研究成果。他建议将“绕月探测、落月探测和取样返回”三期改为“绕、落、回”三期，简单明确。他推荐我向孙家栋院士汇报，听取他的建议。我联系孙家栋院士，他极认真地听取了我的汇报，支持我们的分析研究成果。专家委员会评审后，建议按照提出的发展战略与长远规划实施。

“863评审专家组”要求我们第三步论证的题目是《中国首次月球探测的科学目标与有效载荷配置》，首次月球探测是发射一颗月球探测卫星进行绕月探测，对月球开展全球性与综合性探测。根据我们提出的科学目标，我们需要征求航天领域相关部门的意见，还要与研制探测仪器的各有关方面专家进行讨论、协商与决策。经过两年多的

2001年，“863评审专家组”审查《中国首次月球探测的科学目标与有效载荷配置》的设计方案，一致同意并支持欧阳自远提出的报告。

时间，我们终于提出了一个先进的、有创新性的科学目标。我们提出的科学目标、技术指标、成果预期得到评审组的认同和支持。

艰难的论证又经历了整整10年。2003年，国防科工委组织全国航天领域的相关专家，编写《中国首次月球探测立项报告》及相关附件。国防科工委任命孙家栋院士为论证组组长，我为副组长。论证后，国防科工委向国务院呈报《中国首次月球探测立项报告》及相关附件。

此后，国防科工委立即预先启动项目并组织中国月球探测工程总体的领导成员组，任命栾恩杰为工程总指挥 、孙家栋为工程总设计师、我为工程科学应用首席科学家。由于我们三人相互信任、相互支持、团结合作，后来人们赞誉我们是“铁三角” 。他们两位是我国航天界的老领导、老专家，而我是一个新兵，他们是我进入航天领域的领路人，真诚感谢他们对我的关爱、指导、帮助和信任。

2004年1月23日，国务院批准我国月球探测工程立项实施，总经费14亿元人民币。国务院领导批示：“绕月探测工程是一项复杂的多学科高技术集成的系统工程。要统筹兼顾，合理确定科学和工程目标；充分调动和整合各方面科研资源，加大重大关键技术攻关力度。各部门要精心组织，团结协作，高标准、高质量、高效率地完成绕月探测工程任务。”

中国月球探测工程总体领导总指挥栾恩杰（前排中）、总设计师孙家栋（前排右）和首席科学家欧阳自远（前排左）

2007年10月24日“嫦娥一号”发射前，探月工程负责人“铁三角”栾恩杰、孙家栋和欧阳自远在西昌卫星发射基地合影留念。

绕月探测——“嫦娥一号”与“嫦娥二号”

在国防科工委的领导下，确定2004年为启动年，完成中国月球探测工程模样设计；2005年为攻坚年，完成初样产品；2006年是决战年，完成正样产品，为确保2007年发射成功，2006年底五大系统全部完成研制任务，待命出厂。

中国首次月球探测的任务是研制和发射第一个月球探测器——月球探测卫星，主要对月球进行全球性、整体性与综合性的探测，对月球表面的地貌、地形、地质构造、环境与物理场进行首次探测，对有开发利用前景的月球能源与资源的分布与规律开展研究。

“嫦娥一号”的工程目标是突破月球探测基本技术；研制和发射我国第一个月球探测器——“嫦娥一号”；初步构建月球探测卫星航天工程系统；为月球探测后续工程积累经验，培养人才队伍。

“嫦娥一号”的科学目标是获取月球表面三维影像；分析月球14种元素、矿物与物质类型的含量和分布；探测月壤厚度与分布，估算月壤中氦-3资源总量；探测距离地球4万～40万千米的地-月空间环境。

2007年10月24日，“嫦娥一号”在西昌卫星发射基地成功发射升空。火箭冲破长空，“扶摇直上九天”，消失在遥远的云层里。

2007年10月24日18时5分4秒，“嫦娥一号”成功发射升空。

“嫦娥一号”在测控系统的精确控制下在以16小时为一周的地球轨道运行，再调整为24小时一周和48小时一周的地球轨道不断加速运行。此后，“嫦娥一号”高速冲出地球的“牢笼”奔向地-月转移轨道，向月球进发。

“嫦娥一号”经历了13天14小时19分的运行，行程206万千米，到达月球附近。我们齐聚在北京测控大厅，静候决定成败的关键时刻的到来。突然，大厅的扩音器里传出坚定而激动的声音：“‘嫦娥一号’被月球‘抓住’了，已经绕月球飞行！”全场立刻掌声雷动。我在孙家栋的耳边轻轻地说：“请测控系统再核查一次吧！”

“嫦娥一号”探测器在轨运行

他点头同意，测控系统立即复查“嫦娥一号”运行情况。因为在历史上，美国和苏联的月球探测器失败概率最高的事件，就发生在月球即将“俘获”探测器时。探测器飞行到达月球附近，必须减速被月球“俘获”，才能实现绕月球运行。如果探测器速度过快或距离月球过远，不能被月球有效“俘获”，探测器将偏离月球，飞向遥远的行星际空间；如果速度过小或距离过近，探测器会直接撞击月球，硬着陆撞击月面。

经过几分钟的寂静与焦急的等候，大厅的扩音器又响起了坚定而豪迈的声音：“报告！经反复核查，‘嫦娥一号’正在环绕月球的椭圆轨道运行。”大厅里又响起了掌声，我和孙家栋激动得泪流

“嫦娥一号”三线阵立体相机拍摄月球表面三维立体图像示意图

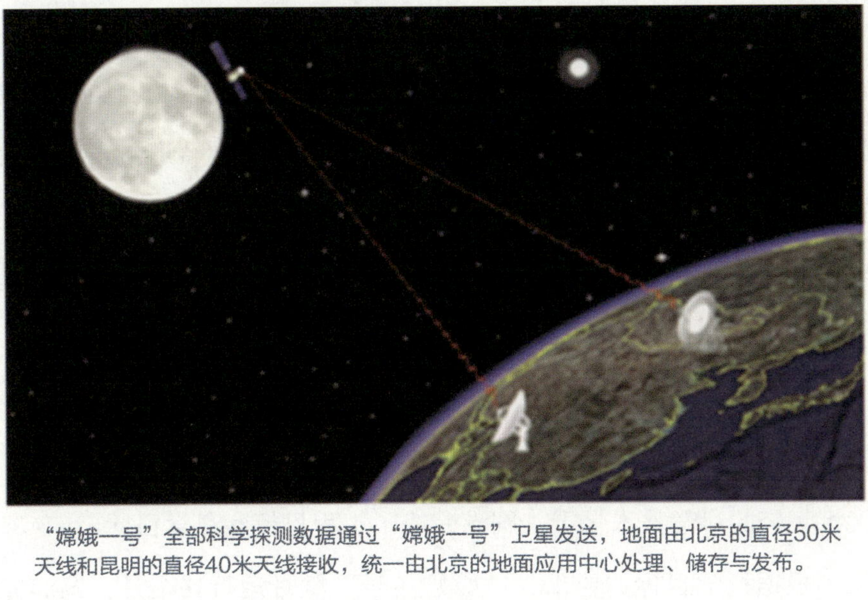

“嫦娥一号”全部科学探测数据通过“嫦娥一号”卫星发送，地面由北京的直径50米天线和昆明的直径40米天线接收，统一由北京的地面应用中心处理、储存与发布。

满面，紧紧相拥。当时，中央电视台要采访我，问我此时此刻的感受，我的脑海里却只有一个画面，“嫦娥一号”正环绕月球飞行，我只会泣不成声地说：“绕起来啦！绕起来啦！绕起来啦……”

孙家栋和欧阳自远情不自禁地拥抱在一起

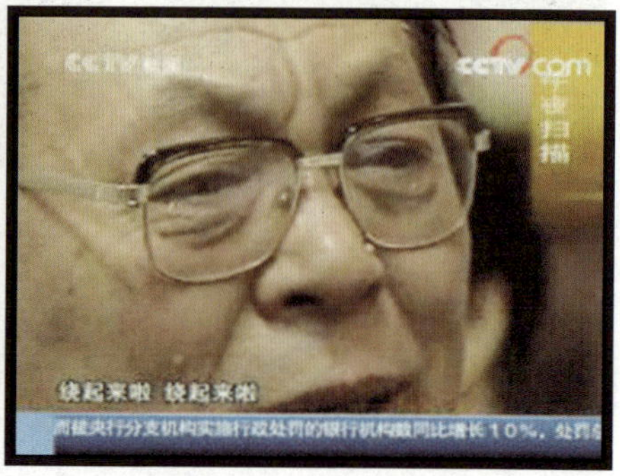

欧阳自远激动得热泪盈眶

测控系统不断地精确调整“嫦娥一号”的运行轨道。根据科学探测的要求，轨道应被调整到距离月面200千米的正圆极轨轨道，也就是轨道应为通过月球南极、北极两个极区的圆形轨道。正圆极轨轨道表明“嫦娥一号”与月面距离稳定不变，探测数据避免了因距离不同产生的距离校正；通过南极区和北极区，探测的轨道平面是直立的，月球在轨道内自转，全月面都可被完全覆盖。

“嫦娥一号”成功实施，我国突破了大量关键技术，降低了成本，扩大了市场；建立了深空探测的工程体系和基础设施，培养了大批年轻的科学技术骨干，圆满完成了工程目标和科学目标。

根据科学目标的要求，“嫦娥一号”绕月运行16个月，圆满完

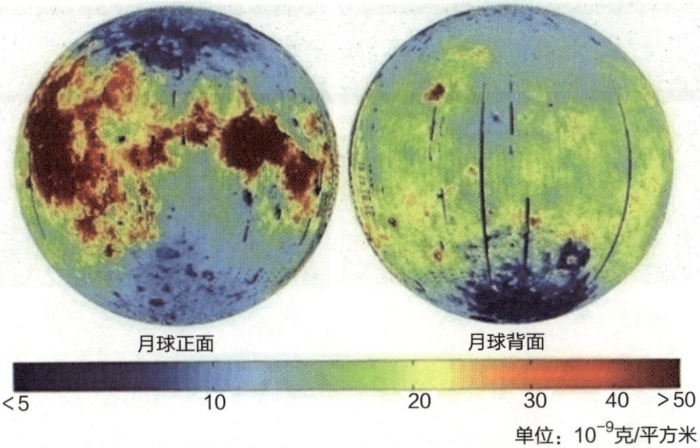

“嫦娥一号”绘制的全月面土壤中氦-3资源的含量与分布图

“嫦娥一号”撞击月球丰富海示意图

成了全部科学探测任务，取得了海量的探测数据，提供给国内52所高校（包括港澳台）、21个研究院所进行分析和研究。第二年，全部数据“上网”供全世界科学家使用。据国内各研究院所和大专院

“嫦娥一号”轨道示意图

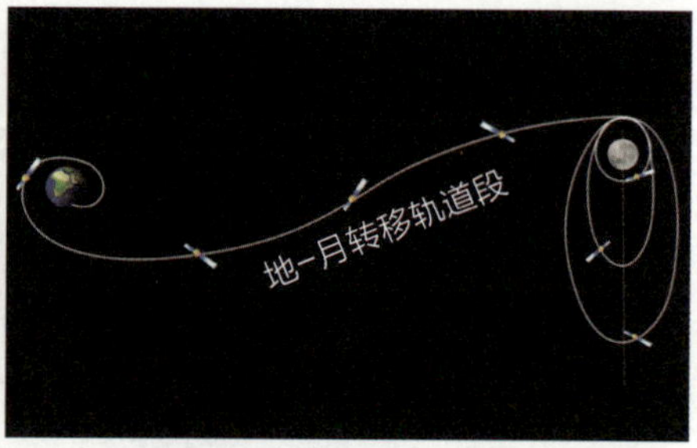

“嫦娥二号”轨道示意图

校的初步统计，共有300多篇有关“嫦娥一号”的研究论文在学术期刊上发表。

中国是国际上最早探测月球月壤层核聚变能源燃料氦-3资源的国家之一。“嫦娥一号”携带的微波辐射计，探测月球表面的亮度与温度，反演出月球表面月壤层的厚度与分布。月壤层的微细颗粒吸附太阳风中的氦-3粒子，我们可以计算月壤层中吸附的氦-3粒子的含量、分布与资源总量。我们初步计算出月球表面的月壤层蕴藏的氦-3资源总量为103万～129万吨。如果将来实现氘-氦-3核聚变发电，月球月壤层中的氦-3资源，足够满足人类社会未来发展约1万年的能源需求。

“嫦娥一号”执行完成全部科学探测任务之后，由于没有携带足够的燃料，将长期绕月飞行，直至最终坠落到月球表面。为了试验探测器主动撞击月面技术，并获得降落过程中拍摄近距离月面形貌图像，工程总体决定探测器主动撞击月面丰富海地区。2009年3月1日16时13分10秒，“嫦娥一号”发回近距离月表图像后，撞击在丰

“嫦娥二号”绕月探测器7米分辨率全月球数字影像图

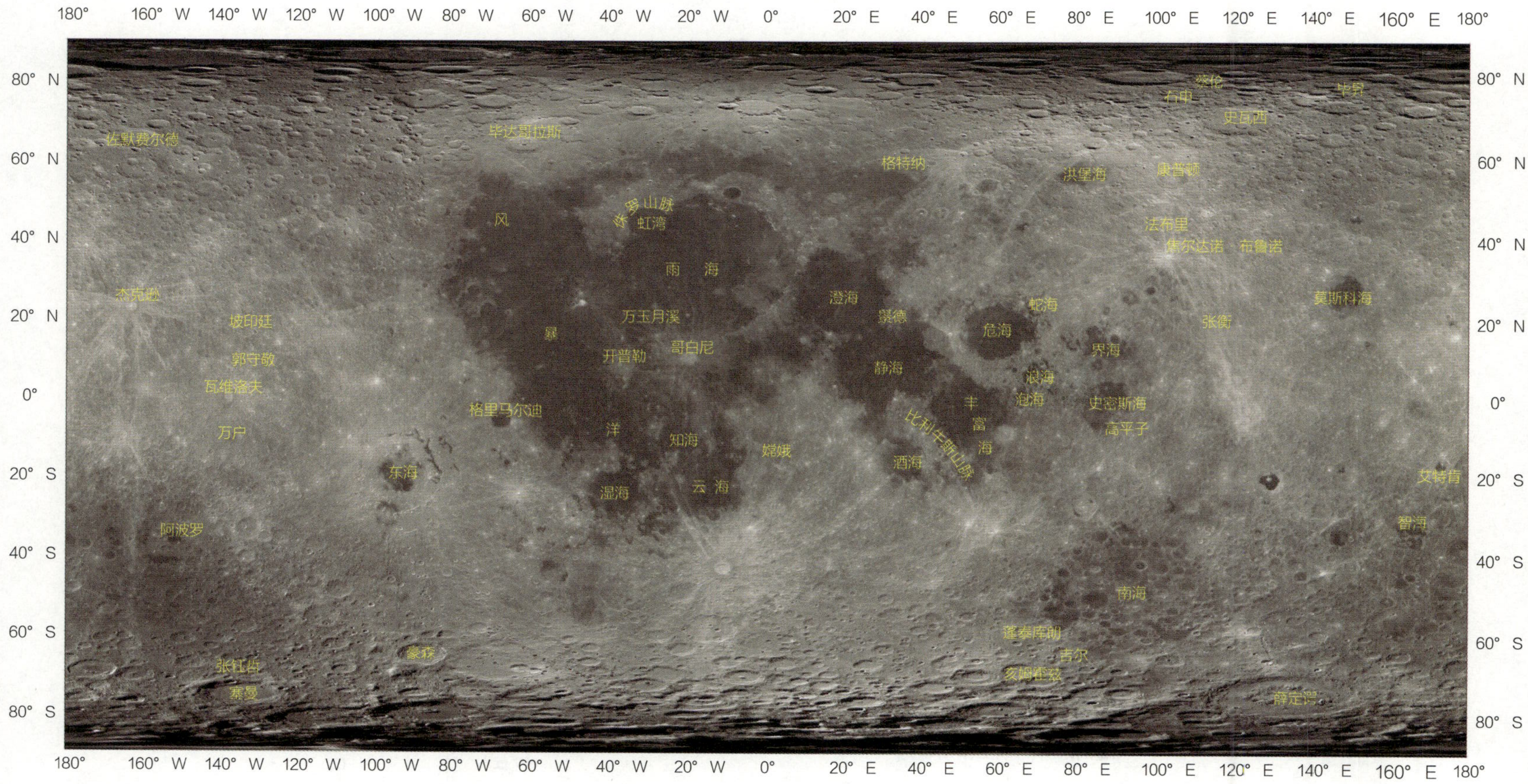

富海指定位置。“嫦娥一号”最终“粉身碎骨，报效祖国”！

“嫦娥二号”是“嫦娥一号”的备份星，于2010年10月1日18时59分 57.345秒零窗口发射 。我们对“嫦娥二号”实施了一系列技术改进试验，“嫦娥二号”被发射后直接进入地-月转移轨道，运行不到5天，减速后被月球“俘获”进入环月轨道。测控系统精细调整轨道，“嫦娥二号”进入距离月面100千米的极轨圆形轨道，开展各项科学探测。

“嫦娥二号”三线阵立体相机获取的月球地形探测数据约800GB，编制出分辨率7米全月球影像图，这是迄今分辨率最高、应用最广泛的全月球影像图。“嫦娥二号”还对此后发射的、进行落月探测的“嫦娥三号”探测器的着陆区——雨海虹湾地区获取了1米分辨率的影像图，为“嫦娥三号”的安全着陆提供了超精确的地形地貌基础数据与图像。

“嫦娥二号”距离月面100千米，获取了月球表面元素的含量与分布数据、全月球月壤层的厚度与分布数据，对地-月空间环境进行了探测，取得了前所未有的科学探测数据与成果。

“嫦娥二号”还飞往日-地拉格朗日L2动态平衡点，连续探测太阳活动235天，积累了系统的太阳活动与太阳爆发科学观测资料。

“嫦娥二号”还实现了中国首次小行星交会探测，飞离地球702万千米，对近地小行星图塔蒂斯进行交会探测。交会距离870米，最高分辨率 10米，探测了小行星的形状、大小、表面特征与结构等，

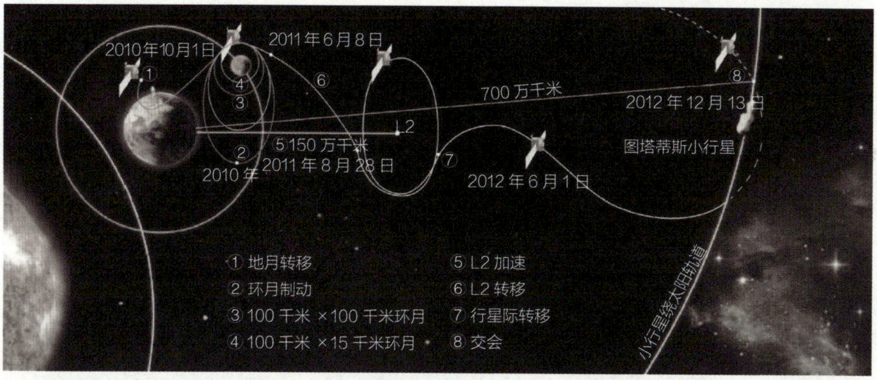

“嫦娥二号”与图塔蒂斯小行星交会示意图

“嫦娥二号”与图塔蒂斯小行星交会，相对速度 10.73千米/秒 。

取得了系统的探测成果。

“嫦娥二号”现已经成为一颗环绕太阳运行的人造小天体，进入浩瀚的太阳系空间遨游。根据对“嫦娥二号”运行轨道的估算，大约在2029年“嫦娥二号”将回到地球附近。祝福“嫦娥二号”一路平安！再相会时，我们听“她”诉说一路的美景、奇遇、惊险与欢快！

落月探测——“嫦娥三号”着陆月球正面

根据中国月球探测发展战略与实施计划，“嫦娥三号”与“嫦娥四号”承担落月探测任务，“嫦娥三号”着陆月球正面，“嫦娥四号”着陆月球背面。“嫦娥四号”是人类首次着陆月球背面的探测器。

“嫦娥三号”发射后，携带月球车的月球着陆器着陆在月球表面预选的着陆区。月球车从着陆器安装的轨道上走向月面。着陆器不能移动位置，着陆器上的各种探测仪器只能开展就位探测；月球车在月面行走，月球车上的各种探测仪器开展巡视探测；着陆器和月球车还会相互结合，开展联合探测。

落月探测的关键技术首先是落月，实现着陆器携带月球车安全共同着陆。大致过程是地面发射探测器进入地-月转移轨道，近月制

"嫦娥三号"奔月轨道示意图

动被月球"俘获"，绕月飞行，调整轨道，到达着陆区上空，动力下降，进入月面软着陆。

探测器下落过程中，月球引力会使探测器产生重力加速度，将使探测器加速坠落。在着陆器底部安装的发动机向上推动着陆巡视器，可减缓着陆巡视器的下降速度。着陆巡视器降落到距离月面100米的高度时，加大底部发动机向上的推力，使着陆巡视器悬停在100米高度。着陆巡视器在100米高度开始不断平移，着陆器底部的降落相机加速拍摄月面的地形地貌，寻找安全着陆点。相机拍摄的每一张照片会立即输送给着陆器的计算机，计算机具有较高的人工智能能力，会立即分析、判断和决策。"嫦娥三号"着陆器的降落相机拍摄了3764张照片，最终计算机会选定一张，着陆器徐徐落下，在离月面2.8米高度时发动机关机，着陆巡视器安全软着陆。着陆巡视

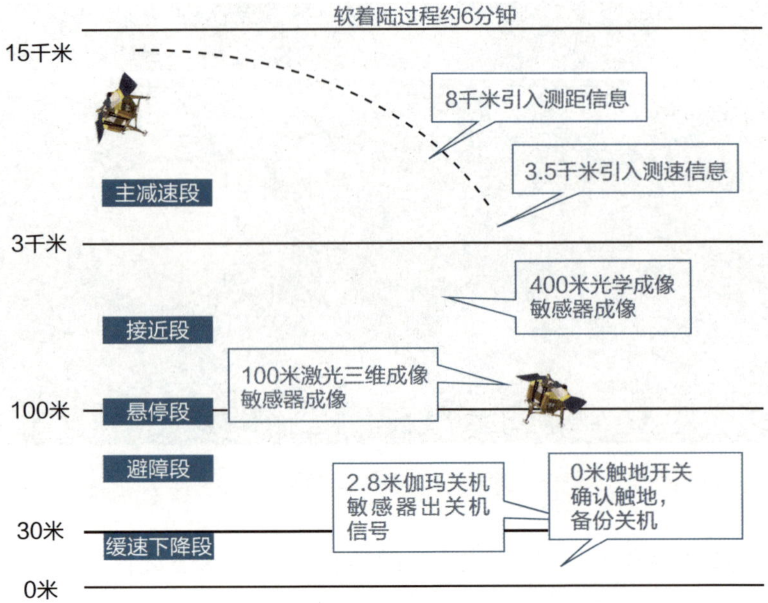

"嫦娥三号"软着陆月面过程示意图

器的四条支撑架安安稳稳地落在一个平面上，没有任何一条支撑架落到撞击坑里。

我们对"嫦娥三号"着陆巡视器进行了一次复查，在4千米×4千米的16平方千米的着陆区内，分布有10000多个撞击坑，其中较大的撞击坑的直径分别为516米、490米和433米，还有44个直径为100～400米的撞击坑，其他都是直径小于100米的撞击坑。计算机的人工智能识别、判断和决策能力，精确地做到了探测器安全软着陆月面。

落月探测的另一个关键技术是两器分离。月球车被锁在着陆器上方，着陆巡视器安全软着陆月面之后，地面指挥系统指令着陆器

“嫦娥三号”着陆器

放下月球车走向月面的轨道架，解锁月球车，月球车沿着轨道走向月面。着陆器开展就位探测，月球车进行巡视探测。

“嫦娥三号”的科学目标是巡天、观地与测月，着陆器携带了4台有效载荷（探测仪器），月球车也携带4台有效载荷（探测仪器），共同完成科学探测任务。

着陆器上的月基光学天文望远镜，承担在月面进行巡天天文观测的任务，这也是人类首次在月球上实施天文观测。这次天文观测发现了一些特殊结构类型和不同光变类型的恒星，积累了大量新发现的科学资料。着陆器上的极紫外相机，为人类首次在月球上清晰

“嫦娥三号”月球车“玉兔一号”

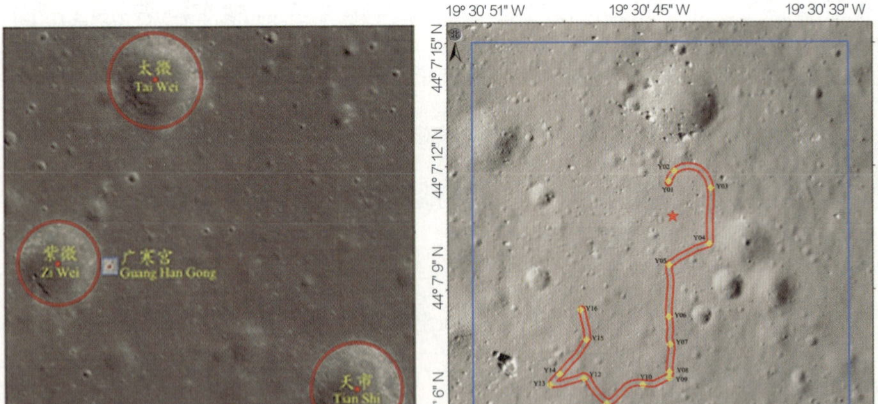

“嫦娥三号”着陆区月球地理实体分布图

监测到地球等离子体层的形貌、密度与结构变化，及其对地球环境的影响，并获取到长期、系统的科学资料。

月球车携带的4台探测仪器包括全景相机，用来拍摄和记录巡视路线周围的地形地貌和月球风光；红外成像光谱仪和粒子激发X射线谱仪，用来探测巡视路线上的月球岩石和月壤的矿物类型及岩石成分；人类首次在月球表面使用的测月雷达，用来获取月球100米深度内月球土壤和月球岩石的分层、厚度变化和结构特征。

2015年10月5日，国际天文联合会正式批准中国的申请，将中国“嫦娥三号”月球探测器在月球上实现软着陆的位置（中心坐标北纬 44.12°，西经19.51°）命名为广寒宫。围绕广寒宫的大型撞击坑，以中国古代著名的星宿名称命名，如太微、紫微和天市等。“星宿”围绕着美丽的“广寒宫”，别有一番风景。

落月探测——“嫦娥四号”着陆月球背面

自古以来，人类在地球上永远只能看到朝向地球的半个月亮，另外半个月亮在地球上永远看不到。这是由于月球按反时钟方向自转，同时又围绕地球按反时钟方向公转。由于月球自转与公转一周的时间相等，我们在地球上只能看到月球的“正面”，永远看不到月球的“背面”，因而对月球“背面”产生了恐惧、神秘和诡异感。

“嫦娥四号”实现了人类首次着陆月球背面，引起了人们的关注、好奇与担忧。很多好心人给我来信、来电，劝慰我说：“月球背面是外星人监视地球的基地，不要去干扰他们！”“不要去惹祸！”“人家都不敢去月球背面，中国为什么要去逞能？”“如果在月球背面遇见了外星人，中国是什么态度？”……

我想说明月球背面的真实情况，介绍“嫦娥四号”的运行过程及其科学探测任务。月球背面没有任何外星人活动的踪迹。

为什么我们在地球上永远看不到月球的背面？月球按反时钟方向自转，同时也按反时钟方向围绕地球公转，月球的自转周期与围绕地球公转的周期相等（即所需要的时间相等），这导致的后果是在地球上只能看到月球的正面，永远看不到月球的背面。这种现象被天文学称为“潮汐锁定”。

地球也是按反时钟方向自转，同时按反时钟方向围绕太阳公转的，地球自转一周的时间是24小时，公转一周的时间是365天，幸运的是地球没有被太阳“潮汐锁定”。如果地球被太阳“潮汐锁定”，地球将有一面永远是白昼，另一面永远是黑夜。科学家发现，银河系有些恒星系统中的行星被恒星“潮汐锁定”，被锁定的行星一面永远是白昼，另一面永远是黑夜。

由于月球被地球“潮汐锁定”，地球不是恒星不能发光，月球的自转使月球背面仍然能够接受太阳光的照射，因此月球背面仍然有白昼和黑夜之分。

月球的正面与背面主要有哪些差异？自1906年望远镜被发明以来，意大利物理学家伽利略首先用望远镜进行了月球观测。月球正面布满了暗色的巨大“斑块”，伽利略认为这些暗色的大“斑块”是月球上的海洋，由于海水反光能力弱，呈现出暗色的“斑块”。当时这些暗色“斑块”被命名为“月海”，如“雨海”“丰富海”“静海”“风暴洋”等。其实，月球表面完全没有液态水，这些巨大的暗色“斑块”是在39亿年前，月球遭受大量小天体撞击时，在月球表面被“挖掘”出的一些巨型撞击盆地。盆地底部产生了大量很深的裂隙，诱使月球内部的岩浆喷发和溢出，使得大量火山爆发。火山喷出和溢出的熔岩流是暗色的玄武岩。玄武岩溢出后填平了撞击盆地的底部，形成了广阔的平原。由于玄武岩颜色深暗，呈现出众多“月海”的奇观，这里也是自古以来流传的“广寒宫”“吴刚伐桂”“玉兔拜月”等神话形象的原型。

月球正面颜色明亮的部分被称为“月陆”，是由月球早期岩浆分异形成的斜长岩，这类岩石颜色较浅，太阳光反射能力比较强。

1959年，苏联发射的“月球3号”绕月卫星，拍摄到了月球背面的图像，这是月球的背面第一次向世人展露真容，可惜的是，限于当时的技术能力，拍摄的图像不够清晰。

相继进行的月球探测所拍摄的月球背面的图像越来越清晰，特别是2010年10月1日中国发射的“嫦娥二号”，拍到了7米分辨率的

月球正面暗色“斑块”区域为月海，浅色区域为月陆。

月球全球影像图。在空间分辨率、影像质量、数据的一致性和完整性方面，这幅图是目前最高水平的全月球数字影像图。

月球正面与背面的地形差异很大，月球上一共被命名了22个月海，约占月表面积的25%。绝大部分月海分布在正面，月球正面月海的总面积约占月球正面的50%。月球背面分布有东海、莫斯科海和智海，但以月陆为主。月海是宽阔的平原，地形较平缓，月陆又被称为月面的高地，地形起伏较大。总体而言，月球正面地形较为平缓，背面更为崎岖不平，地形复杂。组成月陆的岩石主要是斜长岩，形成于距今约40亿年前，月海玄武岩形成于距今31亿~39亿年

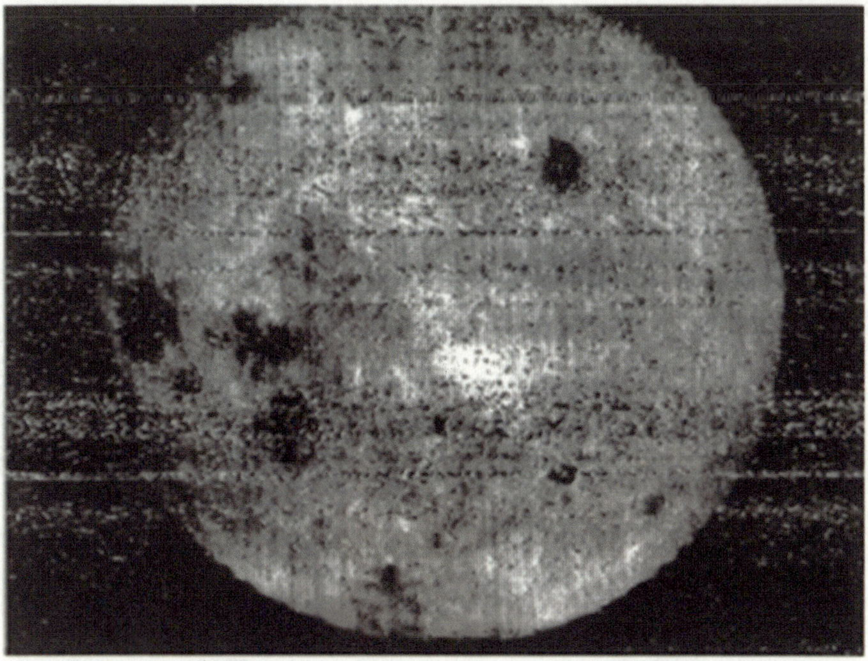

1959年苏联的“月球3号”拍摄的月球背面第一张全图

前，所以月陆比月海古老，其裸露在月表的时间更长，撞击坑的分布更密集。

地球与月球正面无线电通信畅通无阻，但是地球与月球背面的无线电通信完全被月球正面阻挡。由于受到地球电离层的严重干扰，宇宙、银河系或太阳系空间发射的低频与甚低频电磁波都不能正常到达地球和月球正面，人类在地球和月球正面不能收到正常的信息；而在月球背面却可收到科学家梦寐以求的非常清晰、没有地球电离层干扰的低频与甚低频电磁波信息。

“嫦娥四号”在月球背面进行落月探测，探测器的构架有哪些

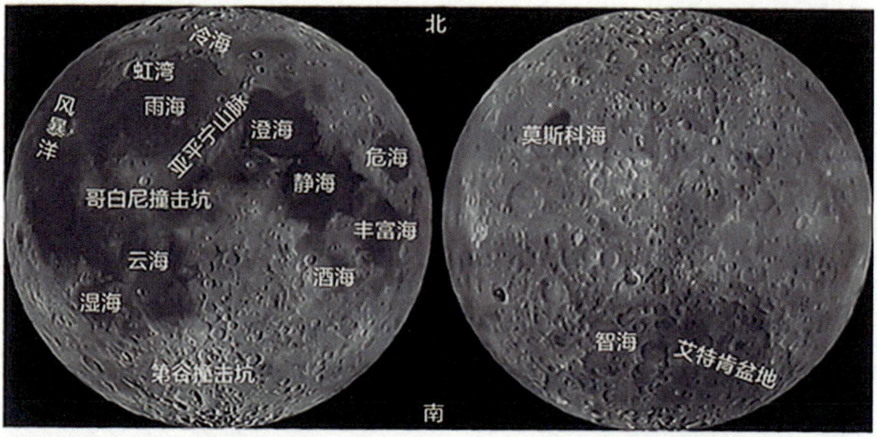

月球正面与背面地形图以及月海分布图

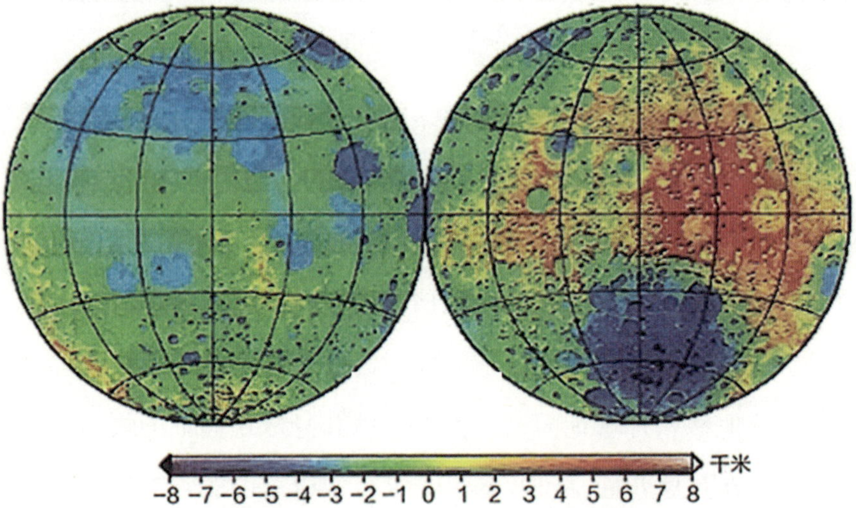

“嫦娥一号”绘制的月球正面与背面

特色呢？人类在地球上既看不到月球背面，也不能与其通信联系，所以从地球发出的指令无法直接发送给探测器执行，探测器的科学探测数据也不能直接传送回地球。

因此，可以先将中继星“鹊桥”设置在位于地–月引力动态平衡L2点位置，即中继星位于距离月球背面6.5万千米的位置，它永远面对月球背面，同时也能“看到”地球。

2018年5月21日5时28分，西昌卫星发射中心用“长征四号”丙运载火箭，成功将“嫦娥四号”任务中继星“鹊桥”发射升空，以建立地球与月球背面畅通的无线电链路。

2018年12月8日，“嫦娥四号”从西昌卫星发射基地成功发射升空，2019年初“嫦娥四号”的着陆器与月球车“玉兔二号”安全着陆在月球背面艾肯盆地内的冯·卡门撞击坑。

因此，“嫦娥四号”包括“鹊桥”中继星和探测器系统的着陆器与“玉兔二号”月球车。

“嫦娥四号”取得了哪些重要的科学探测成果？“嫦娥四号”的探测器由着陆器和月球车组成，开展了着陆器就位探测与月球车的巡视探测及其相结合的联合探测。“嫦娥四号”首次着陆月球背面，是一次前所未有的探测月球背面的空间环境、近月空间环境和月球表面环境的机遇。月球车携带的测月雷达，探测月球表面以下40米深度内的浅层结构，研究撞击坑的形成演化历史。

因此，“嫦娥四号”的科学目标确定为探测空间低频与甚低频

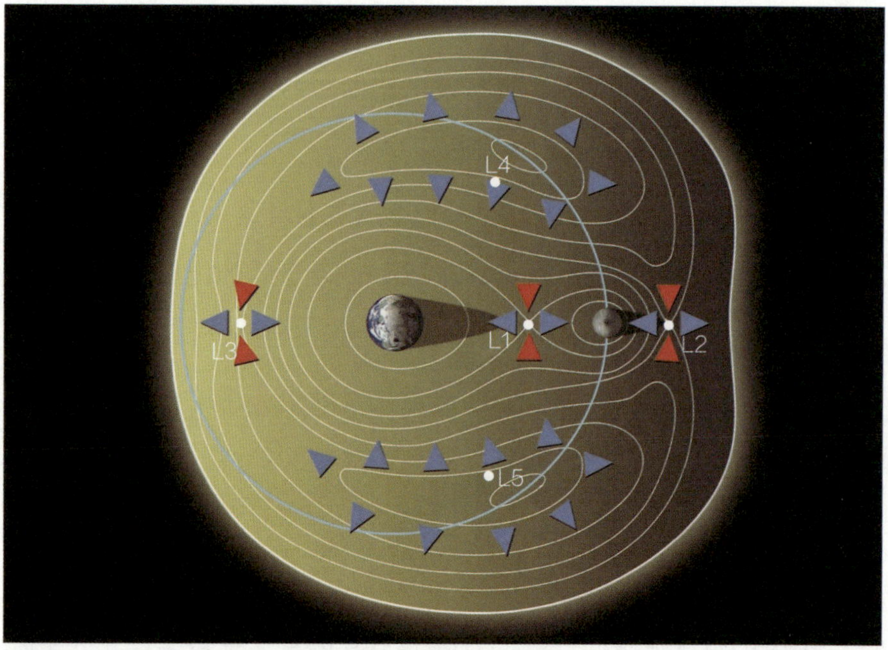

地–月拉格朗日点示意图

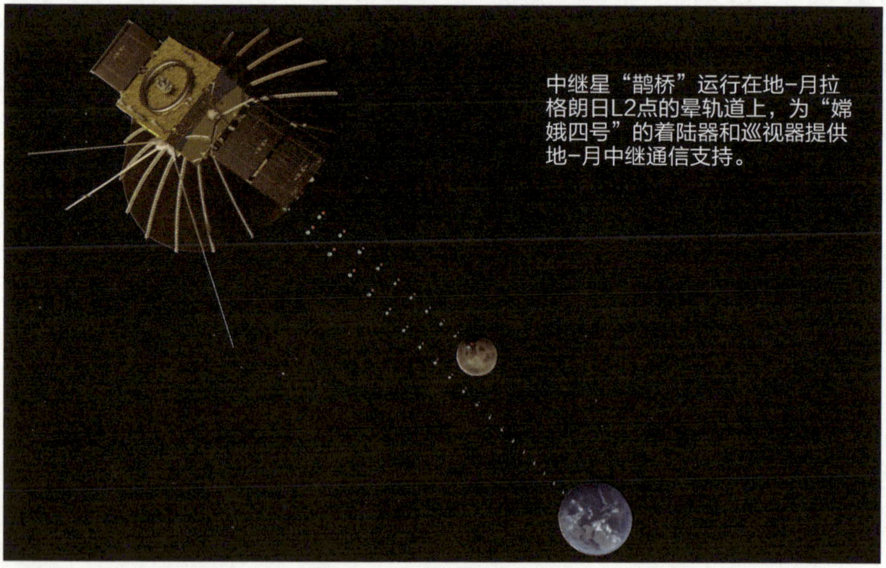

中继星“鹊桥”运行在地–月拉格朗日L2点的晕轨道上，为“嫦娥四号”的着陆器和巡视器提供地–月中继通信支持。

电磁波的科学信息，研究月球45亿年至41亿年前古老的演化历史，探测月球背面环境等。

设置在着陆器上的探测仪器包括低频射电频谱仪、地形地貌相机、中性原子探测仪等。低频射电频谱仪可对宇宙中的各种射电现象进行观测和研究，充分利用月球背面的洁净环境进行低频与甚低频电磁波的接收，获取银河系或太阳系空间大量有重大科学意义的数据。地形地貌相机肩负着获取月球背面着陆区高清彩色图像的科学任务，能获得撞击坑内精细的地形地貌照片。与欧洲空间局合作的月表中子与辐射剂量探测仪和月球车上配置的中性原子探测仪，将首次获取月球背面的环境科学数据。

设置在月球车上的探测仪器包括全景相机、红外线成像光谱仪、测月雷达等。全景相机安放在月球车的桅杆上，可获得冯·卡

“嫦娥四号”探测月球背面的基本构架示意图

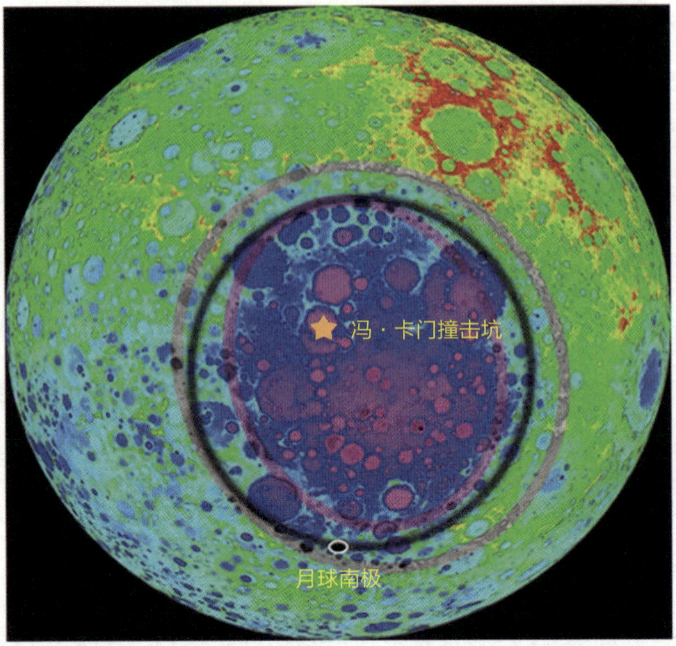

“嫦娥四号”着陆于冯 · 卡门撞击坑

门撞击坑内的地形地貌、岩石露头与分布的照片。红外线成像光谱仪可获取月球表面图像信息，首次在月球背面发现月球深部的月幔岩石。测月雷达可向地下发射微波信号，根据接收信号对岩石、分层、熔岩等目标进行探测，将首次获得精细的月球背面地下表层的结构。

我国“嫦娥四号”的各项探测数据已经在国内外著名的科学杂志上发表，产生了重大的影响。当前，国内外研究机构与相关的科学家都能够无偿下载“嫦娥四号”的各种科学数据，开展科学研究。

2019年2月4日，国际天文联合会批准了五个“嫦娥四号”着

陆点及其附近地理实体名称。“嫦娥四号”着陆点在艾肯盆地里的冯·卡门撞击坑内，被命名为“天河基地”。至此，全月球的实体命名中有两个“基地”，一个是1969年美国“阿波罗11号”首次成功载人登月的着陆点被命名为“静海基地”；另一个是“天河基地”。围绕天河基地的三个撞击坑，分别以银河系的星宿名称命名为织女、河鼓（牛郎）和天津。冯·卡门撞击坑内的一座山，以中国的泰山命名。

“嫦娥四号”以中国元素构成的五个月球地理实体名称，再加上以“鹊桥”命名的中继星，让月球背面别有一番风情。想象一下，每年农历七月初七我国传统七夕节时，在月球背面或许也将呈现出一幅“牛郎和织女在天河上的鹊桥相会”的画面。

月球取样返回——“嫦娥五号”

“嫦娥五号”执行了中国无人月球探测工程“绕、落、回”三期中的最后一期任务，即月球取样返回任务。根据任务要求，“嫦娥五号”探测器由上升器、着陆器、返回器和轨道器组成的组合体构成，重8.2吨，由我国运载能力最大的“长征五号”火箭运载，在文昌发射场发射升空。

“嫦娥五号”经历了11个过程，完成月球取样后安全返回地球。第一，2020年11月24日4时30分，“嫦娥五号”在海南文昌发射场由“长征五号”火箭成功发射；第二，探测器组合体进入地-月转移轨道，转入奔月轨道；第三，近月制动；第四，着陆器携带上升器与轨道器在近月空间分离；第五，着陆器携带着返回器动力下降到达月面；第六，月面进行铲取样品与钻孔钻取样品；第七，取样任务完成后，样品安放在返回器内，上升器携带返回器升空；第八，轨道器与返回器交会对接，实施样品转移；第九，上升器与轨道器在近月空间分离；第十，轨道器携带返回器进入月-地转移轨道，在近地空间轨道器与返回器分离；第十一，返回器高速冲进地球大气层，返回器采用半弹道跳跃式再入返回大气层，返回器在近地空间打开降落伞。2020年12月17日1时59分，返回器安全着陆在指定着陆区——内蒙古四子王旗，地面工作人员回收返回器。

“嫦娥五号”是我国无人月球探测收官之作，执行的是中国月球探测最复杂、最艰巨的任务。“嫦娥五号”经历了两次发射起飞（地球与月球）、两次着陆（月球与重返地球）、近月空间无人自动交会对接、在月面表取和钻孔取样品后，首次将月壤和月岩碎块（1731克）带回地球。

为避免月球样品受到地球环境的污染，“嫦娥五号”从月球带回的月球土壤样品在第一时间转运至设在中国科学院国家天文台的中国探月地面应用系统的样品储存分装实验室。1731克月球样品将按类型封装在充满氮气的容器中，后续将供全国的科研团队开展

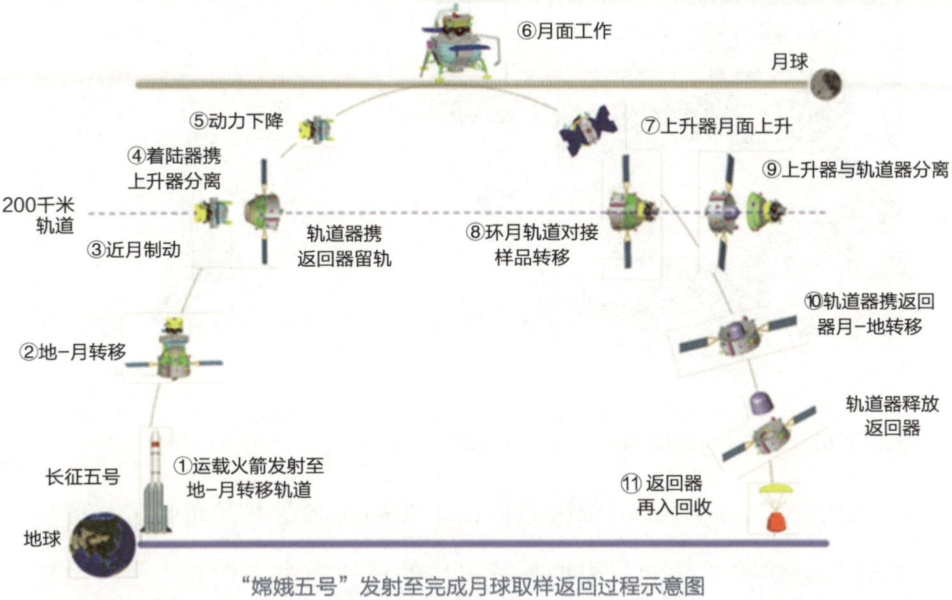

“嫦娥五号”发射至完成月球取样返回过程示意图

2020年12月17日1时59分，“嫦娥五号”携带月球样品的返回器安全着陆于内蒙古四子王旗着陆场。

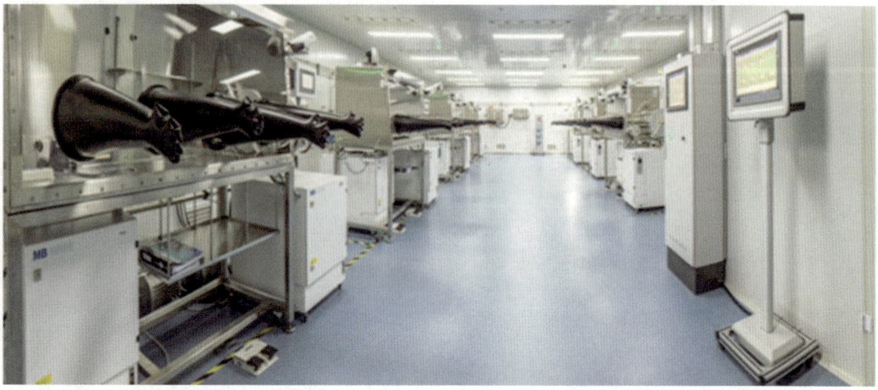

“嫦娥五号”取回的1731克月球土壤样品，全部储存在中国科学院国家天文台、探月工程地面应用系统的样品储存分装实验室内。

一系列研究。同时，国家国防科技工业局还制定并发布了《月球样品管理办法》，我们将根据陆续提出的科研需求审核并提供各类样本，供更多科学家研究。

月球演化历史中的两个关键科学问题

60多年来，人类发射了130多个月球探测器，取得了大量与月球的演化历史相关的的科学数据，月球自45亿年前形成以来的演化历程逐渐清晰。科学家对月球的演化历史研究有两个重大的科学问题至今却难以回答。月球形成45亿年以来，人类只发现了月球距今40亿年至30亿年期间，月球的内部能量引发地质活动（岩浆侵入、火山喷发、强烈月震、月球偶极磁场活动等）的科学证据；没有发现

40亿年以前和30亿年以来月球地质活动的可靠科学证据。这成为当今月球演化历程研究的难题，即“一老”和“一新”的科学问题。

“一老”，也就是自45亿年前月球诞生至40亿年前，月球演化历史是一个空白，也许是后期喷发的火山熔岩覆盖了早期的古老岩石，因而科学家找不到任何地质证据。在月球上找到40亿年前岩石可能的裸露区，成为“嫦娥四号”着陆区选择的焦点。根据已有的研究，月球背面巨大的撞击盆地——艾肯盆地是40亿年前由小天体撞击形成的直径2480千米、深度12.8千米的撞击盆地，也是太阳系最大的撞击盆地。艾肯盆地形成时，必然将底部40亿年前的岩石挖掘、溅射和裸露出来，科学家甚至有可能在此找到月球深部的月幔物质，因此有可能发现40亿年前的地质记录。

“一新”是指30亿年以来，科学家没有找到任何月球内部活动的证据，难道月球在30亿年前已经“死亡”？内部没有活力，偶极

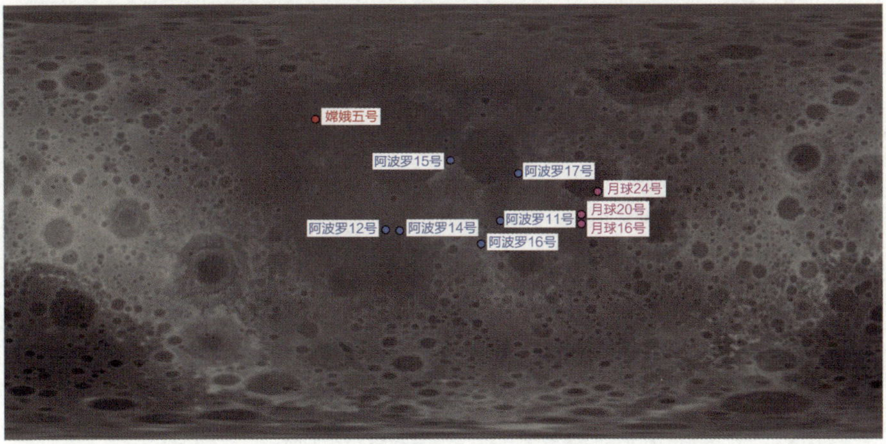

“嫦娥五号”着陆区选择在月球风暴洋西北角吕姆克山脉附近

子磁场也会消失。科学家根据月球表面撞击坑分布密度的统计研究发现，在相同面积条件下，撞击坑较密集的区域比撞击坑较稀疏的区域年龄更大，同时发现在风暴洋北部吕姆克山附近可能存在距今20亿年、甚至10亿年的火山喷发岩——玄武岩。

为了给解决月球演化历史中的“一老”和“一新”的难题提供新的科学证据，根据科学目标的要求，“嫦娥四号”和“嫦娥五号”的着陆区分别选择了月球背面艾肯盆地内的冯·卡门撞击坑与月球正面风暴洋北部的吕姆克山附近。

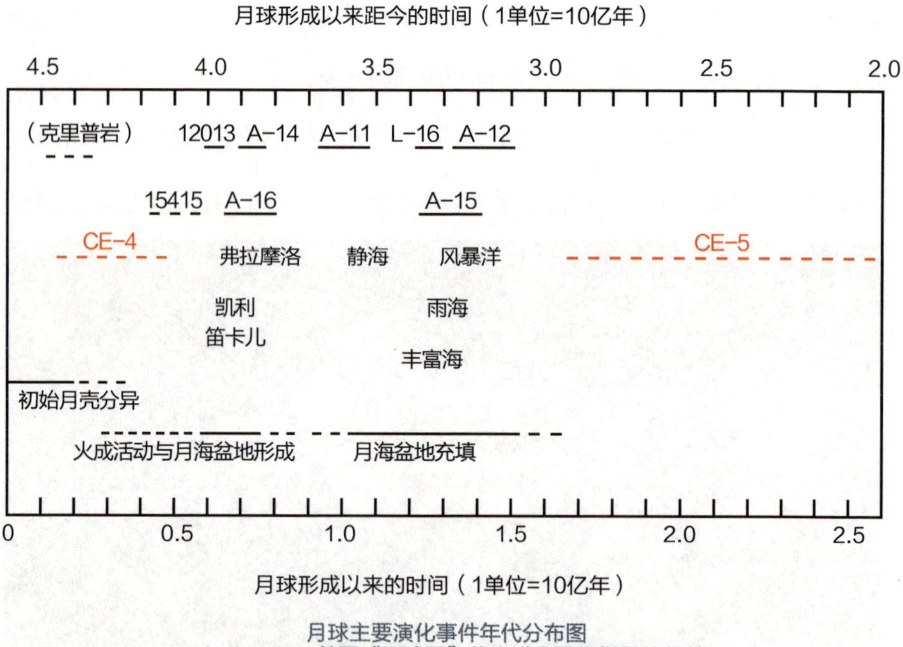

月球主要演化事件年代分布图
A-Apollo：美国“阿波罗”载人登月采集样品的年龄
L-Luna：苏联“月球号”采集样品的年龄
CE：中国月球探测工程“嫦娥”探测数据与样品的年龄

九

开辟第二“战场”——科普

做科普是科学家的责任和义务，不仅要普及科学知识，还要遵循科学方法，遵守科学道德，弘扬科学精神，传播科学思想，以提高公众的科学素质。我真切地感受到要用心和倾注真情地做好科普。我体会到，做科普是自己对科学知识的再学习和再提炼。做科普活动，应将科学与人文相结合，使人感到亲切；应用科学知识揭穿迷信和邪教的伪装，使人感受到真理的力量。我庆幸自己开辟了科普的新“战场”，尽力为太阳系探测的科普领域，做实实在在的事情。

科普也是科学家的责任和义务

长期以来，我从事的科学研究工作是为中国进入空间时代做一些早期科学储备工作。如收集和研究天外来客——各类陨石和宇宙尘，研究小天体撞击地球诱发气候环境灾变与生物物种灭绝事件，研究月球岩石和月球地形地貌、地质构造与演化历史等。由于国内没有人研究这些领域，科技界和公众对此比较陌生。除了发表研究文章以外，我也开展一些科普讲座，发表科普文章，撰写、出版科普书籍。我希望公众了解这些领域，增长一些科学知识，破除迷信，揭穿谣言，从而提高科学素养。当时，我还没有意识到科普也是科学家的责任和义务。

我一直认为科学家的天职是做好研究工作。科学家首先要根据科学发展的规律，善于提出关键性、创新性的重大科学问题，寻找和选择突破口，思考正确的解决途径，踏踏实实，实事求是，予以突破。

科学家还要善于不断修正错误，吸取教训，改进和完善思路及方法，以求解决问题。后来，我从事月球与行星探测工作，要系统、全面地了解其他国家的探测思路、发展规划、实施过程与特色，科学目标提出的理论依据和重大意义，以及推动科学创新、技术突破，实现工程的价值和意义等。我们自己的工作要结合国情，自力更生，力求超越。

2004年初，国务院批准了中国首次绕月探测计划。我最早听到一些院士的议论：“国家投入科技发展的经费‘蛋糕’就这么大，你们切了一大块，别人怎么干呀？”“我们是发展中国家，经济实力还不强，让发达国家去搞月球和火星吧，我们以后再说吧！”“美国和苏联月球探测搞了100多次，我们能搞得过他们吗？”……

这些我都能理解，他们主要是不了解真实情况，难免有一些误解。幸好，中国科学院院士大会给了我一次机会，要我在大会上做一个学术报告，我就在大会上做了一个介绍中国探月的科普报告。每一个科普报告，我都根据不同的听众群体设计3~5种版本，如熟悉专业的大学老师和大学生版、其他专业大学生与高中学生版、青少年与中小学生版、一般社会公众版、政府各类公务员版等。这一次使用的版本是给一般大学生和高中生讲的版本。

我在做科普报告的过程中，同时会回答一些问题，例如“嫦娥一号”的总经费问题。我们要完成中国月球探测的基础设施建设、火箭研制及发射、月球卫星和各项探测仪器的研制、测控和数据接收系统的接收运行、年轻工程技术人才的培养等，总经费是14亿人民币。北京市公布最近要新建地铁线路，每1千米的造价是7亿人民币。我国首次实施月球探测的总经费相当于北京市新修建2千米地铁的费用。

欧阳自远平均每年做50多场科普讲座

在科普报告中，我系统介绍了国际月球探测的形势与发展趋势，世界第一次月球探测高潮时美国和苏联的计划、发展战略、实施过程、探测成果，以及月球探测成果推动科技进步、经济发展、提升军事实力的重大作用；现在进入世界第二次月球探测高潮期，世界各国的探测计划、方案、特色、期望重点突破的重大科学问题；中国首次月球探测的科学与工程目标等。院士们给予了极大的鼓励和支持。在中国工程院举办的报告会由徐匡迪院长亲自主持，我做了类似的报告，同样得到中国工程院院士的大力支持和热情洋溢的鼓励。

我开始意识到，我们不能做关在象牙塔里与世隔绝的、不接地气的"修行者"。科学家同时也要认真做好科学普及和科学传播，这也是科学家的责任、义务和使命。让公众了解科学、相信科学、热爱科学，提高科学素养，是国家文明进步发展、强大的基础之一。特别是中国公众的科学素质水平与发达国家公众比，差距较大，科学家有责任和义务提高公众的科学素质。

我国有一支从事科学普及的专业大军，他们为普及科学知识、弘扬科学精神、传播科学思想、倡导科学方法、宣扬科学道德，在全社会推动形成讲科学、爱科学、学科学、用科学的良好氛围，为提高全民科学素质发挥了重大作用，特别是为让广大青少年热爱科学、亲近科学、学习科学、献身科学发挥了重要的引导作用。科学家应该与科普专家紧密结合，把我国的科学普及事业不断拓展，为建设伟大的社会主义强国做出更大贡献。

2016年5月30日，习近平总书记在"科技三会"上提出"科技创新、科学普及是实现创新发展的两翼"的思想，使我们深刻认识到科学普及的重大作用与意义。我坚信，两翼齐飞，中华必将腾飞！

脚踏实地、用心用情做科普

我做科普工作还是采用老套路，只有三种方式：第一，撰写科普文章，接受媒体采访，在科技杂志、报纸或网络媒体上刊登科普文章，我一共发表了100多篇科普文章；第二，直接做科普演讲报告；第三，针对比较系统而重大的科学问题，撰写、出版科普书籍。

随着工程任务和研究工作的进展，广大公众不断地提出新的科普报告课题和要求，使我做科普报告的题目、内容越来越多。经过十多年的实践，我的比较受欢迎的科普演讲报告题目大约有 24 个，如“中国的探月梦”“中国探月工程进展”“中国月球探测的进展与今后的探测前景”“月球探测的主要科学问题”“揭开月球神秘的面纱”“寻梦广寒宫”“迎接第一个一百年,中国的月球与火星探测”“月球的起源与演化”“诡异的月球背面”“第一次世界探月高潮与阿波罗载人登月是真是假”“小天体撞击地球的祸与福”“小行星撞击地球诱发气候环境灾变与生物灭绝事件”“恐龙灭绝之谜”“通古斯大爆炸真相”“天外来客——陨石”“红色火星的蓝色星球梦”“火星探测的主要科学问题”“跌宕起伏的火星生命探测”“再造一个地球”“我们只有一个地球”“世界末日、地球死亡与地球毁灭”“行星的起源与演化的共性与个性”“地外生命探寻”“科学普及任重道远”“向太阳系的星辰大海挺进”等。

根据公众不同的知识结构，每一个科普报告题目要准备 4 ~ 5 种演讲版本。演讲的 PPT 需要一张一张认真做好。每一次演讲的时长通常 1.5 ~ 2 小时。

一般我出差到外地参加会议或协商工作时，主持会议的单位或当地的科技单位与学校会立即安排 1 ~ 2 场科普报告，这样既不影响工作，又做了科普报告。从 2008 年开始，我系统记录每一场科普报告的日期、地点、组织单位、报告题目和现场听众人数。根据记录，2008 ~ 2019 年 12 年间我一共进行了对各类型公众的科普演讲报告 676 场，现场听众共 393830 人；平均每年举行科普演讲报告 56 场，平均每年的现场听众 32000 人（不包括同时在网络上播放时的听众人数）。

我经常收到一些青少年朋友的来信，他们告诉我，他们听了我的科普报告非常激动，既增长了知识，又对未来充满了希望；还有的青少年写信表示他们将来也要做科学家，去探索宇宙奥秘，向我抒发要热爱科学、好好学习、报效祖国的决心。我感到有一股强大的热流在鼓舞我、激励我勇往直前。

每一次新的探测工程任务开始的前三年，我一定会组织相关科技人员编写一部有关探测目标对象的综合性和系统性的科学著作，使参与工作的各类科技人员有一本比较全面的参考书，这本书也可以作为大专院校教学和研究生学习的参考书，如《月球科学概论》

科普演讲报告海报

部分科技杂志

和《火星科学概论》。

时任国防科工委主任张云川亲自为《月球科学概论》撰写序言，提出：“本书以介绍月球为主线，集天体化学、天文学、空间环境科学和天体物理学等多学科相关知识于一体，在综合分析国际月球探测现状与发展态势的基础上，系统地分析、总结和介绍了有关月球的环境、地形地貌与地质构造、月壤、化学成分、矿物与岩石、内部结构、形成与演化，以及月球陨石和月球样品等知识，结合我国月球探测工程的需求又融入了诸如月食、月球的运动轨迹等相关内容，是迄今为止难得的一本比较系统、完整的关于月球科学的概论性的专著。该书不仅对参与我国月球探测工程研制任务的人

《月球科学概论》封面

《火星科学概论》封面

部分科普书籍

“嫦娥”书系

员具有重要的参考价值，同时也适于作为广大科技工作者和青年学生了解月球科学的一本珍贵的读物。”

我利用工作之余撰写、出版了9本科普图书，包括《恐龙灭绝之谜》（1994年）、《小天体撞击地球与古环境灾变》（1997年）、《我们只有一个地球》（1998年)、《月球探秘》（2001年）、《月球——奔向太空的前哨站》（2002年）、《永远的月球梦》（2004年）、《说月》（2005年）、《再造一个地球——人类改造火星之路》（2009年）、《奔走天地间——欧阳自远科普文选》（2014年）；主编科普书籍9部，包括《十万个为什么》（航空航天卷）（2013年），《嫦娥书系》（包括《逐鹿太空》《神剑凌霄》《嫦娥奔月》《蟾宫胜景》《翱翔九天》和《超越广寒》6册），《中国儿童视听百科·飞向太空》（2016年），《中国儿童太空百科全书》（2019年）。这些年来一共主编和撰写科普图书18部。

2017年5月18日，为迎接我国首个“全国科技工作者日”，数百名主流媒体的科技记者、编辑参与，通过提名投票的方式评选出了“最受媒体欢迎的科学家”。欧阳自远、苏志红、胡大一、张双南和杜文龙5位“高人气”科技工作者当选，由此设立了全国性科普传播奖，这一奖项被命名为“欧阳自远科学传播奖”。

为孩子参加编纂《中国儿童太空百科全书》

2016年初，中国大百科全书出版社的编辑来到我在国家天文台的办公室。他们带来厚厚的一摞纸稿——《中国儿童视听百科·飞向太空》选题方案和设计初样，请我主持编纂工作。

这部书的构想是，为中国孩子编纂一部好玩、好看、有用的太空百科全书，对小读者进行天文知识和航天知识的科学启蒙，培养孩子的科学发现和探索精神。翻看着样稿，倾听编辑的汇报，我认为这是一件功德无量的大好事，也是我想要编的书。

康德讲，世界上有两件东西最能够深深地震撼人们的心灵，一件是心中崇高的道德准则，一件是我们头顶上的灿烂的星空。我觉得这部样稿不仅能详细地描绘我们头顶上灿烂的星空，还将着重呈现中国航天艰难的探索历程及发展和成就，对中国孩子来说，这些知识尤为重要。

这部书涵盖的知识比较丰富。我对全书框架及内容进行了调整

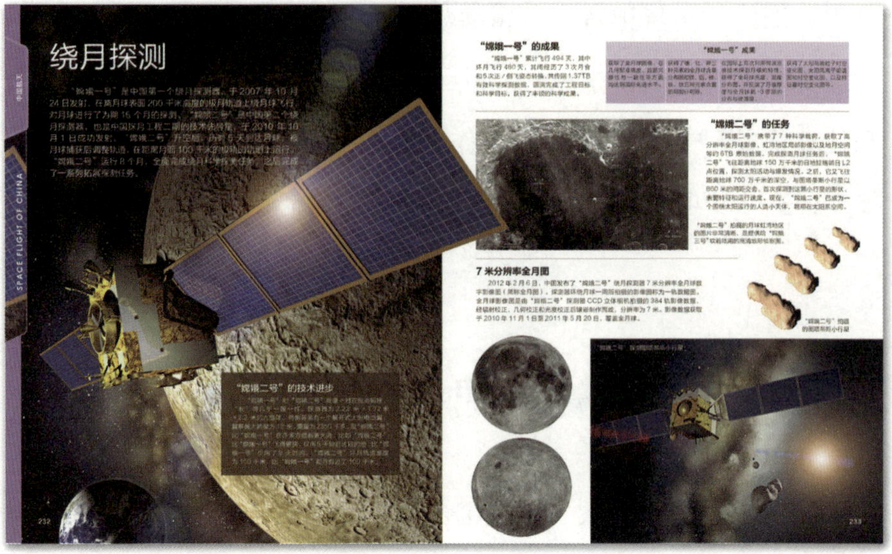

《中国儿童视听百科 · 飞向太空》内文页

和补充，让知识的展现更富逻辑性。图书从开篇浩瀚的宇宙讲到四季星座，从我们的太阳系讲到人类居住的地球，接着展现人类通过望远镜、航天器等技术手段向外太空探索的过程，最后讲述中国航天探索太空的历程及成就。时间、空间、物质和人类的认识交织在一起，知识的展现层层递进，内容全面，重点突出，全书有很多知识点，提出了很多问题，组合起来，为读者呈现一个浩繁的星空。

编者对知识的选取和设计非常用心，按读者的认知，从古至今、到未来，将太空的“前世今生”呈现在读者面前。特别是未来，我们的孩子将要去开拓的科学领域——暗物质、引力波、深空探测、系外行星、星际航行等，本书都有所呈现和提示，为的是告诉孩子人类的认知是无限的，等待他们去探索、发现、创新。书中的中国元素很多，有古人对星空的认识及观测，有中国火箭、人造卫星、深空探测及"嫦娥"工程等航天成就，展现了中国科学家对天文学、对中国航天、对人类的贡献。

这部书有 110 多个主题，20 多万字，近千幅配图，撰稿和审稿的工作量比较大。我审读了全书样稿，针对知识内容的科学性、准确性，以及文字、配图和设计等提出了审改意见，我认为给孩子编写的书必须严谨准确，同时要具思想性、趣味性。这部书不仅是在普及科学知识，更是在弘扬科学精神、传播科学思想，将鼓励小读者不断攀登探求，寻找世界的真理。

经过专家团队和编纂团队的精心打磨，《中国儿童视听百科 · 飞向太空》终于出版了。在发布会上，小读者对这部书表现出极大的

与小读者合影留念

《中国儿童太空百科全书》封面

阅读兴趣，还向我提出了许多问题，甚至有一个小读者问到了月球上的氦-3储量和开发应用的问题。我感慨孩子们的认知和学习能力之强，深感少儿科普的重要性和紧迫性，也看到了未来的希望。

在这部书的基础上，专家团队和编辑团队又编纂了一套《中国儿童太空百科全书》。全书共4册，增加到近200个主题，更加全面详尽地展示宇宙太空及航天知识。其中《中国航天》分册增加的内容最多，有40多个主题，详细地描绘了中国“从8公里起步”到探月工程的探索和奋斗历程。编辑们跟我说，他们在编书过程中对中国航天有了更多的认识,对中国航天人有了更深的敬意。我深有同感。

几年来，中国大百科全书出版社围绕这两部太空百科举办了一系列科普活动，我主讲了“月球是地球的‘女儿’”“‘嫦娥四号’与诡异的月球背面”“迎接第一个一百年，中国的深空探测”等讲座，为小读者及公众普及天文和航天知识，以通俗易懂的语言为观众解答中国探月工程的进展、成就和技术难题。在 2019 年西安读者大会上，小读者向我提出了许多问题，我很高兴并耐心回答那些“刁钻”的问题，鼓励他们“培养探索思维，科技创造未来”。我很喜欢与小读者面对面交流。

习近平总书记指出，探索浩瀚宇宙，发展航天事业，建设航天强国，是我们不懈追求的航天梦。中国航天梦的实现需要几代人的探索和拼搏，科学普及要从娃娃抓起。我认为，这两部太空百科为仰望星空的少年儿童打开了一扇“天窗”，将有助于激发他们对太空的兴趣和求知欲，培养他们的探索精神，让中国的航天梦经久不息、薪火相传。

讲好每一个科学故事

我一直在思考，撰写科普书籍与文章、做好科普演讲报告、讲好每一个科学故事，应该具备一些基本要素，但是始终不得要领。

科普是科学家的责任和使命

当下我想到一些，引为自律。

第一，做科普要有鲜明的科学主题，生动说明科学原理，使公众了解科学、产生兴趣，从而亲近科学、热爱科学。作科普时切忌一知半解，任意发挥，更不允许道听途说而大发议论。

第二，做科普不仅要说明科学内容，还要遵循科学方法，遵守科学道德，传播科学思想，弘扬科学精神。

第三，对公众关注的、广泛传播的一些谣言和伪科学问题，要以理服人，清晰解答，说明真相。

第四，做科普要将科学与人文、艺术相结合，使人感到亲切。

第五，做科普要以尊重、平等、亲近及交流的心态对待听众和读者，而绝不能以教育者的姿态，指手画脚教训公众；态度要真诚，认真，用心，心怀感恩。

第六，科学家做科普要与新媒体相融合，这将大大拓展科学传播的范围。我做科普演讲报告一直采取“台上的讲，台下的听”的老套路，每年也会做七八次联网视频直播，得知一场科普报告的网络收看人数有 28 万，甚至有时会超过 100 万人时，我真的不敢相信。2020 年 4 月 7 日，我做“红色火星的蓝色星球梦”科普直播课，负责人告诉我，这次直播课有 2000 万青少年在线聆听。4 月 8 日，负责人又告诉我，当天在线聆听的青少年达到 1.2 亿人（次）。8 月 6 日，我又被告知在线聆听的公众已经达到 8 亿人。我目瞪口呆，网络的发展和传播能力太神奇了！

第七，做科普要激发公众的爱国热情，为提高全民科学素质，为中华民族的伟大复兴，为建设一个伟大的社会主义现代化强国，践行“两个一百年”的梦想做一些有益的事情。

这些要素有机组合，才能“炒”出一盘色、香、味俱全的科普佳肴。我们必须并尽力做好科学普及与科学传播工作，这是科学家的责任和使命。

十

地球的“姐妹”——火星

火星与地球是近邻，同属于太阳系的类地行星，是当代太阳系探测的重点对象。自古以来，世界上许多民族都认为火星是会带来战乱、屠杀、瘟疫与死亡的“凶神”。自1609年望远镜发明之后，天文学家用望远镜观察火星，发现火星表面分布着纵横交错、类似人工开凿的“运河”。此后，表明有火星人和火星文明的传说、有关火星的科幻小说与电影长盛不衰。人类的探测发现，也许火星曾经出现过最原始的生命形态，但是现今火星上没有任何生命活动的迹象。

火星蒙受的“不白之冤”

火星自古被认为是战争与灾难的化身。中国古人称火星为“荧惑”,《史记·天官书》有记载，之所以名“荧惑”，主要因为其行踪复杂，顺逆不定，忽东忽西，时隐时现，快慢不均，“给人一种不祥之感”。汉代的占星家甚至认为，荧惑主战乱，与战争、丧乱、饥馑、疾疫等灾害紧密相连，因此将火星称为赤星、罚星。

在古希腊，人们用神话中的战神“阿瑞斯（Ares）”代表火星。阿瑞斯是古希腊奥林匹斯十二神之一，被视为尚武精神的化身。阿瑞斯是宙斯和赫拉的儿子。他司职战争，形象英俊，性格强暴好斗，十分喜欢打仗，而且勇猛顽强，是力量与权力的象征、好斗与屠杀的战神。但他同时也是嗜杀、血腥、灾祸的化身。

在古罗马神话中，战神“玛尔斯（Mars）”是火星的代名词。拉丁文和英文的火星就来自于“Mars”。玛尔斯是维纳斯的情人，传说玛尔斯的两个儿子是罗马城的建立者，罗马人有时自称“玛尔斯之子”。

在印度神话中，战神“卡尔蒂凯耶（Kartikeya）”是火星的化身。他是印度神话和佛教体系中的战神，印度万神殿的主要神之一，被描绘成骑着孔雀的小孩。传说他从高山上的黄金洞穴中出生，出生第四天就成为神军的总司令，第六天就率领众神将魔众击溃。卡尔蒂凯耶是战神，性格强暴好斗，是嗜杀、血腥、灾祸的化身。

火星之名，从西方神话中的阿瑞斯、玛尔斯，到中国古星象学的荧惑，都代表着战乱、灾难、疾疫、死丧等恶象。究其主要原因，是人们用肉眼看到的火星是一颗红色的星球。

火星表面大气压很低，风速很大，经常发生区域性甚至全球性的沙尘暴。大风扬起沙尘，遮天蔽日。沙尘中的沙粒是火星表面的岩石风化破碎后形成的各种矿物颗粒，其中有一种赤红色的矿物——赤铁矿（Fe_2O_3）。在古代，赤铁矿是画家用来绘画的红

火星是一颗红色的行星

色颜料，色彩鲜艳，持久稳定。红色的赤铁矿颗粒使席卷全球的火星沙尘暴成为红色，沙粒沉降在火星表面，使整个火星“身披红装”，成为一个红色的星球。其实，火星是一颗外表寒冷、毫无生气且“内心”平静的星球。火星已经没有板块运动、火山喷发、强烈“地震”和全球性偶极磁场，没有奔腾的河流，海洋和湖泊都早已干枯，没有了任何生命活动的迹象。

人们误解了火星，应该给火星“沉冤昭雪”。

火星表面的沙尘暴

火星人的传说

在古代，人们观测火星时，只能看到一个“行踪诡异”的红色小斑点。1609 年望远镜发明后，人类用望远镜能辨别出火星表面的一些明暗特征。1887 年意大利米兰天文台台长、天文学家斯基帕雷利首先用望远镜观察到火星上的沟渠系统（后被误译为火星“运河”），并于 1890 年绘制了火星地图。1898 年，美国天文学家帕西瓦尔·罗威尔描绘了火星运河图，纵横交错的“运河”系统，表明火星上建立了发达的农业体系，居住有高度文明的“火星人”和其他生命。

20 世纪初以来，有关“火星人”的科普与科幻书籍、影片和传说，如《神秘的火星》《火星叔叔马丁》《火星人玩转地球》《红色星球》《火星任务》《火星救援》等在全球流行，风靡一时。

有关“火星人”的形象多种多样，在这些形象里，“火星人”长着硕大的脑袋，凸起的眼珠，丑陋的面孔，还有的被刻画为蜘蛛火星人等。显然，这些都是毫无根据的伪造。

网络上报道了很多火星探测器拍摄的照片，常有一些“火星人”内容。比如，有一张“火星人脸部”的照片，被人们误传为“火星人雕刻的人脸像”。其实，照片上是一块太阳光下的火星岩

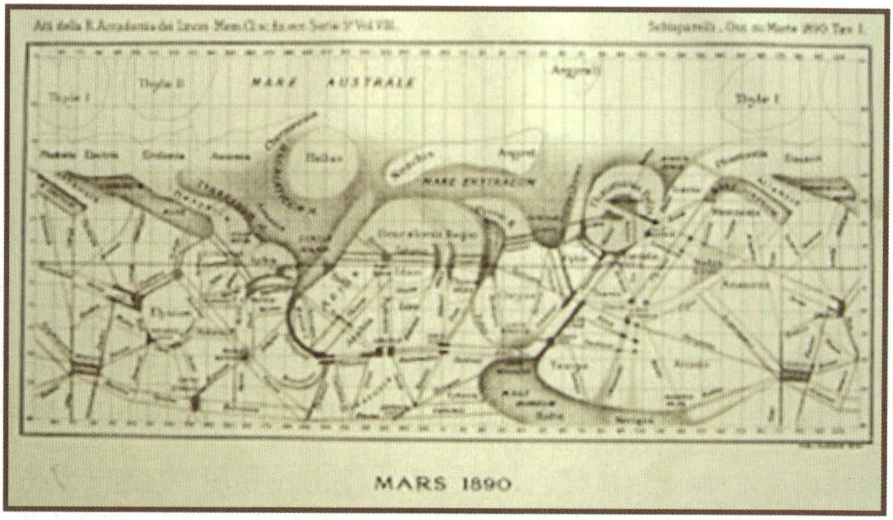

1890年斯基帕雷利绘制的火星地图

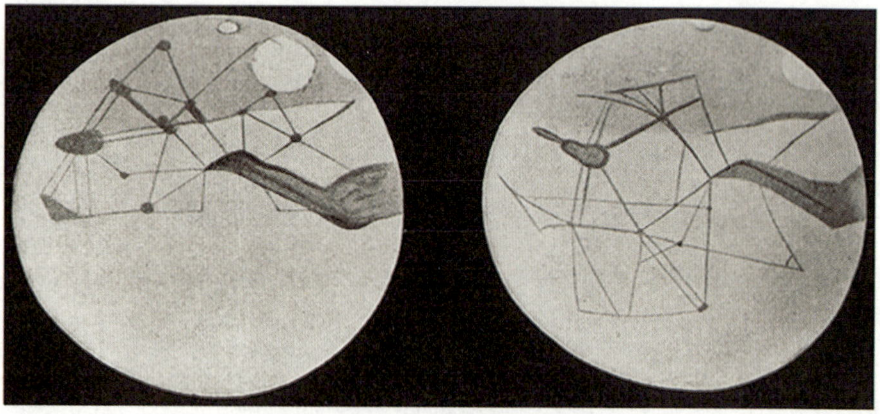

1898年帕西瓦尔·罗威尔描绘的火星运河图

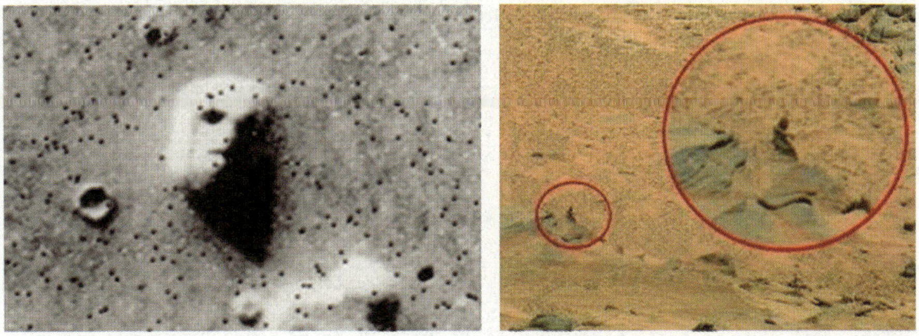

火星探测器拍摄的火星表面照片

石，是人类在一个理想的太阳光照射角度下拍摄的。有的火星探测器拍到的“火星人”照片也同样是太阳光照射角度下的“杰作”，照片上是典型的火星岩石。那些关于火星古代文明金字塔的照片，则完全是伪造的。人类的火星生命探寻研究和探测器的探测结果，充分证明现今的火星没有任何生命活动的踪迹，也没有发现任何火星人活动的科学证据。

火星概况

火星和地球都是太阳系八大行星之中的行星，八大行星就像是太阳系家族的“兄弟姐妹”。它们各自自转，同时又围绕太阳公转，它们公转的平面几乎在一个平面——黄道面上。按照距离太阳的远近，太阳系的行星依次排列为水星、金星、地球、火星、木星、土星、天王星与海王星。距离太阳最近的四颗行星，称为类地行星，它们的共同特点是体积小、质量小、平均密度大，主要由固态的岩石物质组成，有的没有卫星，有的只有一两颗卫星。地球与火星是近邻，像一对“姐妹”。越过小行星带，排列着四颗巨大的行星，称为巨行星或类木行星。类木行星的共同特点是体积庞大，质量大而平均密度低，卫星众多，甚至出现小天体密集的行星环（如土星环、天王星环）。海王星外是聚集有大量小天体的柯伊伯带。

火星与地球距离 0.6 亿 ~ 4 亿千米。火星的质量约为地球的 11%，半径约是地球的 50%，重力约是地球的 33%，火星的太阳常数（太阳辐射通量密度）是地球的 43%。火星绕太阳公转的周期（一年时间）是 687 天，地球的公转周期是 365 天；火星自转轴倾斜角度为 25.2°，地球自转轴倾斜角度为 23.5°；火星的自转周期（一天时间）是 24.66 小时，地球自转周期是 24 小时；火星年平均温度是 -63℃，地球年平均温度是 15℃；火星大气的主要成分是二氧化碳，地球大气的主要成分是氮气和氧气；火星大

太阳系八大行星分布示意图

气层稀薄，大气压为 0.06 ~ 0.1 大气压，地球平均是 1 大气压。上述参数表明，综合比较八大行星，火星与地球的形态特征最为相近，我们称这两颗行星为“亲密的好姐妹”。

探测火星的发射窗口期

地球与火星围绕着太阳在不同的公转轨道运行，有时候地球和火星分别在太阳两侧，有时候地球和火星在太阳同一侧。

当火星大冲时，即太阳、地球、火星在一条直的连线上，地球与火星的距离最近，大约 5500 万千米，但此时并不是在地球上发射火星探测器的窗口期。当地球、火星距离最近时，如果发射火星探测器奔赴火星，探测器不能与火星相会，到达不了火星。

从地球发射探测器去火星，一定要在发射窗口期内发射，因为窗口期内探测器发射时燃料消耗最少，到达火星的飞行距离最合理。当火星探测器发射后，探测器以地球公转轨道的切线轨道运行，也就是著名的雷曼转移轨道飞行，探测器最终将能够与火星运行轨道相切，并被火星“俘获”。根据计算，从地球发射探测器去火星的窗口期，每 26 个月才有一次，窗口期的时间长度大约 20 天，探测器需飞行 6 ~ 8 个月，各国都必须赶在窗口期发射火星探测器。

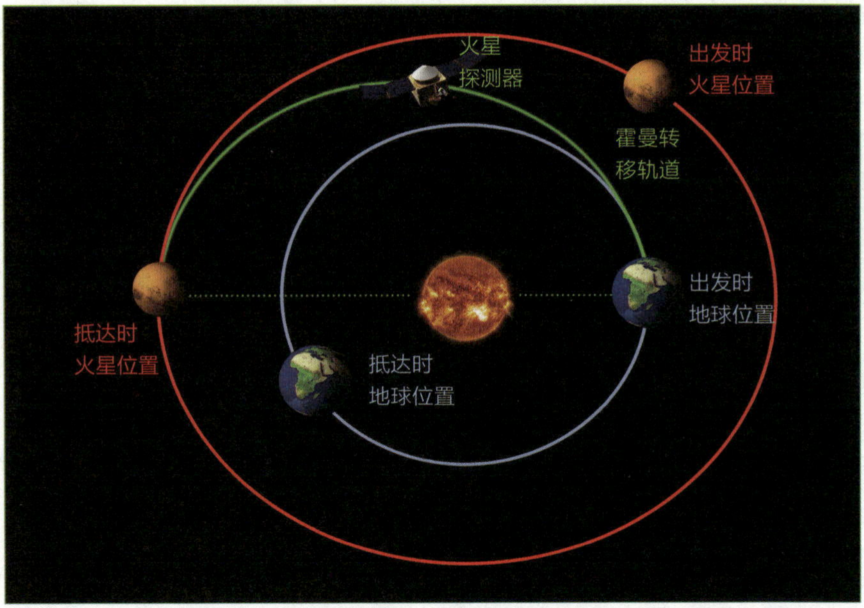

火星探测霍曼转移轨迹示意图

2020年，阿联酋、中国和美国在发射窗口期先后发射了探测器飞向火星，发射时间分别是7月20日、7月23日和7月30日；探测器到达火星并被火星“俘获”的时间分别是2021年2月9日、2月10日和2月19日；到达火星的飞行时间分别是204天、208天和215天，大约7个月。

十一
火星探测与火星生命探寻

人类的火星探测已经进行了 51 次，但是成功率刚刚超过 50%。火星探测主要围绕三大科学问题进行：第一，火星生命与火星文明的探寻；第二，火星本体的一系列科学问题；第三，逐步改造火星，再造一个“地球”，使火星成为人类和各物种赖以生存繁衍的栖息地。根据太阳系“宜居带”理论，火星是太阳系内可能会发育生命的行星。人类火星生命活动信息的探寻，经历了直接探寻火星生命活动信息、跟踪液态水探寻火星生命活动信息、跟随火星大气层甲烷的浓度变化探寻生命活动信息三个阶段。然而，半个多世纪的探寻仍没有取得可信的科学证据。火星生命探寻有着令人鼓舞的前景，但依然任重道远。

火星探测进展概况

1957年，苏联发射了第一颗人造地球卫星，拉开了人类空间时代的帷幕。1958年，苏联和美国为了争夺空间霸权，展开了激烈的月球探测竞赛。1960年，苏联和美国开始探测火星。1960年10月10日，苏联发射“火星1960A号”火星掠飞探测器。1961年，苏联率先探测金星，但遭遇失败；1962年，美国紧随其后探测金星，将“水手2号”成功送入金星轨道。1969年，美国“阿波罗11号”实现了载人登月……半个多世纪以来，人类一直试图离开自己的摇篮——地球，向遥远的太阳系各层次天体进发。

人类的火星探测经历了发展初期（20世纪60～70年代）、停滞期（20世纪70年代后期至90年代初）和高速发展期（1996年至今）三个阶段。迄今为止，世界各国的火星探测总计51次，成功率超过50%。

随着人类空间探测的深入，火星探测器类型也不断丰富和精进。探测初期，人类主要发射了火星轨道器绕火星运行，开展区域性到全球性的地形地貌、表层土壤和岩石成分、表面气候环境特征和火星磁场等探测；后来逐步进展到发射火星着陆器，开展火星表面的就位探测，重点探测火星大气成分、区域性气候变化、当地的土壤与岩石成分、生命物质探寻与生命活动试验等；后期主要发射火星巡视器——火星车，进行巡视线路附近的地形地貌、土壤与岩石的化学和矿物成分、岩石类型、火星岩石有机成分分析和火星内部结构探测等，并与轨道器的探测相结合，进行火星内部物理场、电离层等的探测。

60年来，火星探测器传回了大量照片和探测数据，极大地丰富和深化了人类对火星的认知。人类尤其在火星磁层、电离层和大气层的成分与结构，全球地形、表面物质成分、地质构造、地壳结构和内部物理场，火星表面水冰的分布与地下水体的埋藏及活动等方面的研究取得了巨大的成就。

人类的火星探测积累了极其丰富的探测数据和研究成果，火星地形图、各类岩石分布图、地质图、地质构造图、地质演化历史图、火星内部结构图，以及火星空间层圈图等系统图件逐步被编制出来；有的科学家还出版了关于火星各类重大科学问题的专著，为如何将火星从一个红色星球改造为一个“蓝色星球”提供了更多科学依据。

跌宕起伏的火星生命探寻

火星生命活动信息的探测始终是火星探测的第一目标，也是人类对火星探测寄予极大期望的首要关注焦点。

寻找地外生命是人类开展深空科学探测的出发点之一。地外生命探测将为破解生命起源的难题打开新的突破口，极大地丰富人类对生命的基本认识，也将为地球生命的起源与太阳系早期演化等重大科学问题提供新的科学论据。

行星系统的“宜居带”理论为我们探寻地外生命提供了新的启示。根据行星与中心恒星的距离，以及中心恒星的质量大小，在理论上科学家可以估算出任何一个行星系统的生命宜居范围。

太阳系宜居带示意图

如果母恒星的质量过大，寿命比较短，行星不足以演化出比较复杂的生命；母恒星的质量过小，行星距离恒星过近，生存条件险恶，恒星的引潮效应致使行星一面朝向太阳，导致行星一面温度极高，另一面温度极低，生命难以生存和繁衍。太阳属于主序星系列，生命周期大约100亿年，现在的太阳约50亿岁，正值“壮年”。地球与火星等行星的年龄约46亿年。地球诞生后8亿年才出现简单的生命类型，后期才逐步繁衍出数百万种生物物种。

在太阳系的行星系统中，唯有地球位于太阳系的“宜居带”内，火星最接近太阳系的“宜居带”。因此，除了地球，火星是太阳系中最可能存在生命的行星，火星上是否存在或曾经存在过生命一直是科学界的热门话题。

1975年8月20日和9月9日，美国分别发射了“海盗1号”和“海盗2号”软着陆火星的探测器，“海盗1号”是第一个成功着陆火星并对火星样品开展生命检测的探测器。基于对地球生命新陈代谢活动的认识，科学家进行了气体交换实验、碳-14同位素示踪和碳同位素比值分析，以检测火星是否存在生命。“海盗1号”着陆器进行的生物实验，是人类首次在地外天体上直接开展生命探测的实验，三项生物实验均未获得火星存在生命的确凿证据。

“海盗1号”和“海盗2号”生物实验结果凸显了我们对地球与地外生命的研究不够透彻，特别是还缺少对火星环境特征的基本认识。地球上生命存在的关键因素是液态水，水是生命之源与

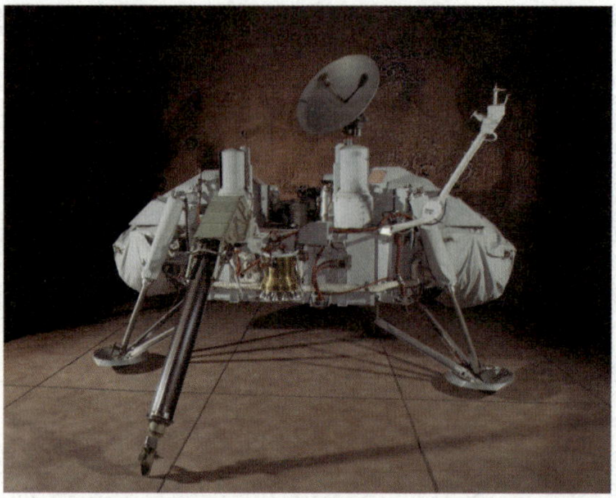

“海盗1号”火星着陆器

生存之本。因此，之后有关火星生命的探测开始针对火星上的液态水和火星表面的生态环境，从这两点着手分析火星上过去和现在是否存在生命繁衍的条件。

特别是从1996年的“火星全球勘探者”到2008年的“凤凰号”，探测器利用高分辨成像、光谱、质谱、微波雷达、中子分析等多种探测手段，获得了火星上被河流侵蚀的地貌、古湖泊和河流沉积物、水成矿物、浅表层水冰分布、极地冰盖、大气中水蒸气组分等一系列反映火星上有水的证据。这些发现暗示了火星过去或现在存在适宜生命繁衍的环境特征。

火星有稀薄的磁层、电离层和大气层，火星表面的大气压仅为地球的1%。火星大气由95.3%的二氧化碳、2.7%的氮气、1.6%的氩和其他微量气体组成，水蒸气的含量在夜晚接近饱和。火星的年平均温度大约是-63℃，低温使大气的主要组分二氧化碳冻结

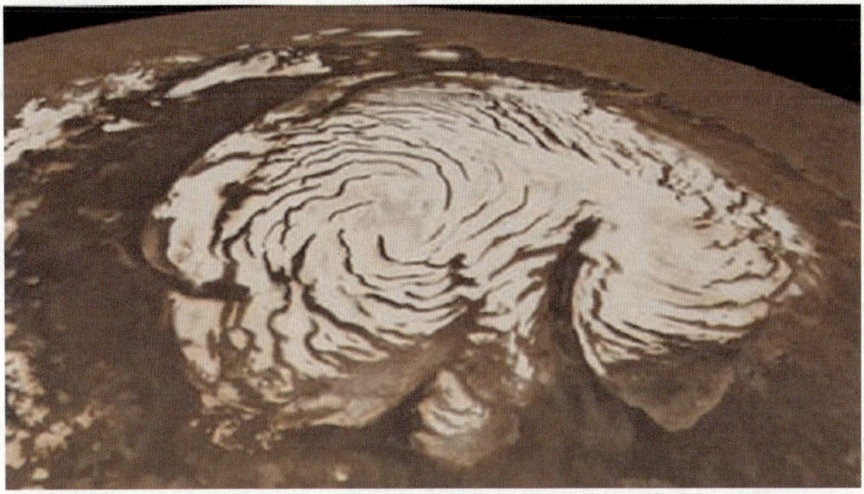

火星北极冰盖

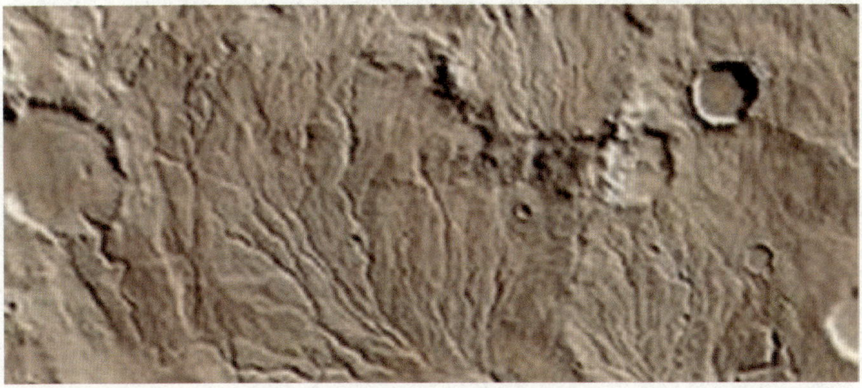

火星表面已干枯的河网体系

成白色沉积物“干冰”，火星两极被二氧化碳干冰和水冰组成的白色冰帽覆盖。由于极冠的季节性变化，表面总气压波动幅度达30%，因而火星表面的大气压随季节发生变化。

火星表面没有液态水的汇集和水体的活动，却可分辨出三种

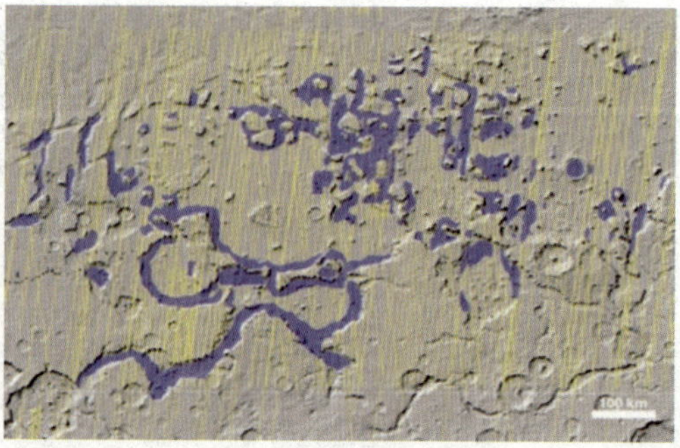

火星局部地区埋藏有地下水冰

不同类型的干枯河道：侵蚀河道、径流河道和溢流河道，还可分辨出湖泊和北半球的海洋盆地。河谷、湖泊和海洋系统的发育表明了火星历史上的早期气候可能较为温暖潮湿，有过大量水体的活动。根据不同研究者的模型计算，火星曾经有过水体，大约可以覆盖全部火星表面，并深达100米。火星地下水探测的成果还表明，火星蕴藏有丰富的地下水，地下水成为地下埋藏的冰层。这些研究表明火星曾经具有可能能维持生命的环境。

直接探测火星的生命活动，跟随液态水活动探寻火星生命的信息都没有取得可信的科学证据，没有发现任何生命活动的踪迹。

近20年来，火星轨道器和火星车巡视探测活动，基本揭示了火星过去和现在的环境特征。40亿年来，水对火星表面形态及表面环境的形成产生了重要影响。然而，适于生命存在和繁衍的环境不仅仅只有液态水，还需要支持生命新陈代谢的有机碳和能量来源。

2004年，三项独立的研究相继揭示了火星大气中存在甲烷，甲烷的浓度为十亿分之七。甲烷是最简单的碳氢化合物，由于地球上90%～95%的甲烷都是生物成因，火星大气中含有微量甲烷，而且目前仍然存在甲烷生成的过程，又引起了人们对火星生命的猜测。

甲烷是一种不稳定的气体，通常仅能在大气中保存300～400年。大气中的微量甲烷暗示了火星上目前仍有活跃的甲烷生成过程。目前科学家推测火星大气中的甲烷成因可能有四种：火星内部地质作用形成，如火山活动；由陨石、彗星、小行星、星际介质等火星之外物质带入；火星超基性岩的水热反应形成；甲烷菌

“好奇号”火星车在火星表面开展探测

等生物成因。当前有限的探测和观测数据还不能揭示火星大气中的微量甲烷是生物成因还是非生物成因。要确证生物成因的甲烷，需要精确测定火星大气中极微量甲烷气体的碳同位素组成具有富轻的碳同位素特征。

2012年，在火星着陆的“好奇号”火星车，以探测火星表面可能存在生命或曾有过生命，及生命的宜居环境为主要科学目标，这标志着美国火星生命的探测战略从找水到寻找生命及生命遗迹的转变。

在火星陨石中发现疑似微生物结构

从火星降落到地球表面的火星陨石（火星岩石）一共发现有200多块，是人类在地球上唯一能得到的火星表面岩石。利用地面实验室的各种高精尖分析仪器，人类可以对火星陨石样品进行非常详尽的研究，得到各种实验分析证据。火星陨石提供了火星的化学成分、矿物组成、岩石类型、火山与岩浆活动、大气运动、水体活动、空间与表面环境、火星的形成与演化历史等相关的大量科学信息，为火星可能曾有过生命提供实物证据。

ALH84001火星陨石是一块可能携带有火星古生命化石的陨石。这块陨石大约形成于26亿年前，约在1.5亿年前火星可能曾受到一次小天体的撞击，一部分撞击靶区的岩石以大于火星逃逸的速度被溅射出火星，导致大量的撞击碎块在行星际空间运行。大约在1.3万年前，其中的一块碎块坠落在地球南极阿仑山地区的冰盖里。1984年，美国南极考察队在这里找到了这块火星陨石。

科学家在高分辨率电子显微镜下观察ALH84001火星陨石，发现陨石里有大量的蠕虫状结构，这是由一些碳酸盐、磁铁矿和黄铁矿的微细晶体组成的。2009年11月30日，美国航空航天局发布消息称，其对ALH84001火星陨石做出的最新分析显示，这块陨石中约25%的部分是由古细菌化石形成。这一结论提供了迄今为止火星曾存在生命的最有力证据。

从2009年至今，关于在地球南极冰盖中发现的ALH84001火星陨石中的“微生物化石”的推论，一直遭到科学界的广泛质疑。持反对意见的科学家认为，类似细菌形态微结构属于非生命成因，即由火星地质过程形成或由于地球南极冰水曾遭污染，陨石中的

ALH84001火星陨石

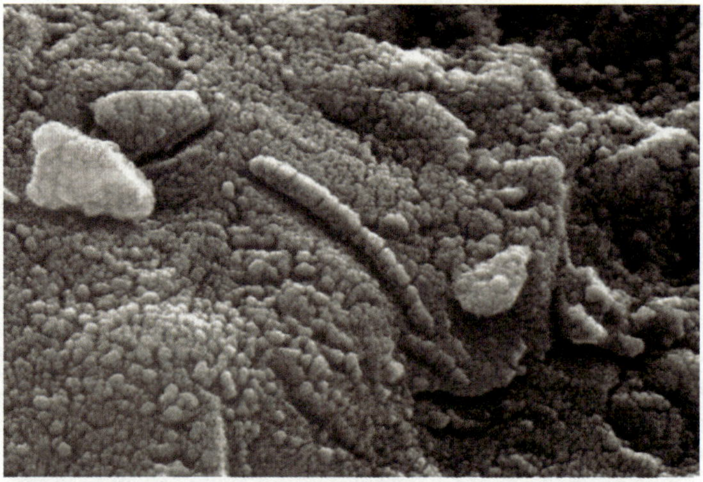

电子显微镜下的ALH84001火星陨石“古细菌化石”

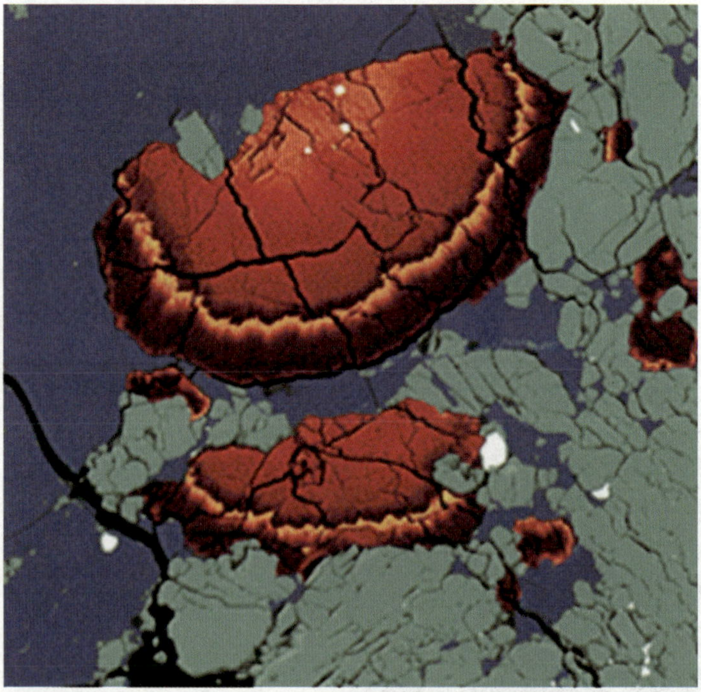

电子显微镜下的ALH84001火星陨石“古细菌化石”截面

多环芳烃等有机物不是生物成因，而是非生物过程形成。目前，对ALH84001火星陨石的成因至今仍没有定论。”

后来，科学家在其他火星陨石中也发现了各种形态的“微生物结构”，如在南极亚玛托地区找到的Y000593火星陨石和在埃及找到的Nakhla火星陨石。中国南极考察队在南极中山站附近的格罗夫山地区找到了两块火星陨石GRV020090和GRF99027。科学家对GRV020090火星陨石进行研究，证明火星约在2亿年前还存在地下水的活动，这为生命提供了重要的发育生存条件；火星大气水的氢同位素组成非常富氘，是地球海洋水的7倍，说明火星曾有极为大量的水逃逸。这一结果也被“好奇号”最新对火星土壤的氢同位素分析所证实。

我国南极考察队在格罗夫山发现的火星陨石，编号GR020090。

在火星陨石中发现生物成因碳

提森特（Tissint）火星陨石于2011年7月降落在摩洛哥的沙漠中，很快就被人类收集到。它是迄今为止最“新鲜”的火星岩石样品，也是受到地球污染和风化程度最小的火星陨石。

2012 年 4 月 ~ 2013 年 12 月，中国科学院地质与地球物理研究所林杨挺研究员的研究团队，利用激光拉曼谱仪和纳米离子探针，对提森特火星陨石开展了系统的精细分析测试与研究。他们发现了火星陨石中的碳颗粒，并证明这些碳来自火星的有机质，进而测定出它们由典型的、具有生物有机成因特征的，富含比较轻的碳同位素组成。

2013 年 3 月，林杨挺研究团队在美国休斯敦召开的“月球与行星科学讨论会”上做了报告，宣布研究人员在提森特火星陨石中发现了具有生物成因特征的碳颗粒，表明火星可能曾有过生命。2014 年 12 月 1 日，林杨挺团队在《陨石学与行星科学》上正式发表了这篇重要论文，对火星可能曾有过生命给出了迄今为止最鼓舞人心的科学论据。2014 年 12 月 16 日，美国航空航天局宣布，“好奇号”火星车在火星的岩石样品里探测到有机成因的碳，印证了中国学者的研究成果。

林杨挺研究团队在提森特火星陨石中发现了几微米大小的碳

这是提森特火星陨石的一部分，表面是陨石内部新鲜的火星岩石。

颗粒，通过激光拉曼分析得到的光谱特征与煤很相似。他们还利用纳米离子探针，分析了氢、碳、氮、氧、磷、硫、氯、和氟等元素，以及氢、氮和碳的同位素组成，得到的结果进一步证实这些碳颗粒是来自与煤相似的有机质。

提森特陨石非常“新鲜”，因此受到地球污染的机会很小。为了确证这些有机质来自火星本身，研究团队利用纳米离子探针分析了氢及其稳定同位素氘的比值（D/H）。分析结果表明，这些有机质的氢同位素组成完全不同于地球上的有机质，具有富氘的典型火星物质特征，因此可以确定它们是来自火星，并没有被地球物质污染。

碳的同位素组成是指示含碳物质是否为生物成因的关键证据。

生物作用一方面会造成明显的同位素组成变化，即同位素分馏；另一方面，这种变化向富轻的同位素方向发展。因此，沉积岩中的有机质、石油、煤等地球有机质的碳同位素组成与海相碳酸盐、大气二氧化碳、地幔等其他含碳物质相比，具有明显富轻的碳同位素特征。研究团队同样利用纳米离子探针对碳颗粒进行了精确的碳同位素组成分析。结果表明，相对于火星大气的二氧化碳和火星上的碳酸盐而言，它们的更富集轻的碳同位素，与地球上的情形非常类似。火星陨石中碳颗粒的碳同位素组成，与地球沉积岩中的有机质、煤和石油的碳同位素组成，都具有富轻的碳同位素组成特征。这也是迄今为止所有研究报告中能够证明火星上可能曾有过生命活动的最有力证据。

跌宕起伏的火星生命探测历程，已经展示出鼓舞人心的前景。最终要确证现在火星有生命活动或火星曾有过生命，可能需要通过从火星上采回样品，或者在火星表面的沉积岩中直接发现火星的古生物化石来证实。火星生命的探测任重道远，人类的探索精神和追求仍然将勇往直前。

十二

中国首次自主火星探测

2020 年 7 月 23 日，“天问一号”探测器在海南岛文昌发射场，由“长征五号”火箭成功发射升空，其任务目标是通过一次发射，实现火星环绕、着陆和巡视探测三项任务，这在人类火星探测史上是首次。“天问一号”由火星环绕器和着陆巡视器——火星车组成，通过成功发射、地火转移、火星捕获、火星停泊、离轨着陆和科学探测六个阶段完成任务。“天问一号”于 2021 年 2 月 10 日到达火星，行程近 4.6 亿千米。2021 年 5 月 15 日，“天问一号”着陆巡视器成功着陆于火星乌托邦平原南部预选着陆区，火星轨道器和火星车将实施火星全球性与区域性相结合的联合探测。我们期待，“天问一号”做出历史性和创新性的重大贡献！

中国“萤火一号”

2007年，“嫦娥一号”月球探测器成功发射后不久，探月工程总设计师孙家栋院士和我商量说：“‘嫦娥一号’运行和探测非常顺利，一定能够圆满完成工程目标和科学探测任务。‘嫦娥二号’能不能不去探测月球，直接去探测火星。”我当时受到极大的鼓舞和震撼，完全赞同和支持他的设想，敬佩孙家栋院士的开阔胸怀和远见卓识。

我们当时商议，有三个领域需要充分研究和论证：第一，现有的火箭运载能力能不能直接将火星探测器送入地球-火星的转移轨道；第二，测控通信的设施能力能不能完成4亿千米距离的测控通信任务；第三，要在火星上开展哪些科学探测，探测仪器的研制和技术要求要有哪些新突破等。我们很快找到工程副总师、运载火箭系统总设计师龙乐豪院士和测控系统总设计师商量，请他们组织队伍进行论证。关于科学探测目标、科学仪器研制与技术指标由我组织队伍，进行论证。根据对火星2011年发射窗口期的计算，我们认为有足够的时间做好各项准备。

最后，孙家栋院士语重心长地对我说：“欧阳，我是给你打工的！去不了、到不了月球和火星，我负责。到了月球、火星，你看什么、干什么，全是你的事，我不懂。最后交差也是你的事。”我热泪盈眶地对他说：“孙老总，我是在您领导下的一个打工的，是您引领我跨进航天科技的大门，我会竭尽全力做好工作，努力完成任务！”

没过多久，国防科工委同意开展中国首次火星探测的研究与论证。我向中国科学院领导汇报了有关中国开展首次火星探测的研究与论证的工作进展，得到了大力支持，随后立即组织与火星科学探测相关研究所的专家，共同提出一个先进的、具有创新性的科学探测计划与探测仪器的配置方案。

运载火箭系统和测控系统的科研人员都积极响应并支持孙家栋院士的设想。虽然遇到了一些困难，但他们都提出了可行的解决办法，坚信中国有能力实施首次火星探测。

2007年6月中国和俄罗斯签订了航天合作协议，计划2009年7月俄罗斯发射“福布斯-土壤号”采样返回器（火星有两个卫星，福布斯是火星1号卫星的名称），“福布斯-土壤号”要搭载中国的火星探测卫星——“萤火一号”发射。到达火星上空之后，中国的“萤火一号”与“福布斯-土壤号”分离。“萤火一号”探测火星，“福布斯-土壤号”飞向火星卫星福布斯取样并返回地球。

由于当时各方力量要全力以赴实施“萤火一号”火星探测任务，中国首次火星探测相关的研究、研制工作不得不暂时停止。

2008年，承担“萤火一号”科学探测有效载荷系统的项目组要求并呈报任命我担任“萤火一号”火星探测卫星的首席科学家。我认真研究了俄罗斯“福布斯-土壤号”的任务与实施过程，深感这是一项有重大创新意义的科学探测计划。同时我也了解到，搭载的中国火星探测器“萤火一号”的工作环境与条件，难以实现中国设想的火星探测科学目标，也做不出有创新意义的重大探测成果。我召开了两次协商会议，提出了8项具体改进建议。但俄罗斯航天部门答复，原有条件不能做任何改变。在这种背景下，我只能请求辞去首席科学家之职。

我仅举一个关于“萤火一号”的运行探测轨道的例子。由于“萤火一号”是搭载在“福布斯-土壤号”上的探测器，它们一起从地面发射，共同进入绕火星运行轨道时，“福布斯-土壤号”立即释放“萤火一号”，“萤火一号”与“福布斯-土壤号”分离。“福布斯-土壤号”变轨奔向火星卫星福布斯，“萤火一号”继续绕火星运行。“萤火一号”没有任何变轨能力，只能以扁长椭圆轨道运行。“萤火一号”近火星点高度800千米，比火星电离层顶还要高400千米；远火星点高度80000千米，在轨道运行的绝大部分时间远离火星，由于运行距离太远，拍摄和探测火星表面将很难有好的效果。“萤火一号”轨道平面倾角21°～35°，“萤火一号”只能拍摄和探测火星赤道附近区域，即只能探测火星的“腰带”附近，难以清晰窥见火星的全貌。由于“萤火一号”的重量受到严格限制，它仅能携带小天线，传输数据能力很低，也无法传输清晰图片和大量探测数据。

2009年7月，由于准备工作不足，俄罗斯宣布“福布斯-土壤号”更改到下一个火星发射窗口期发射，即2011年11月发射。北京时间2011年11月9日4时，搭载有中国“萤火一号”的“福布斯-土壤号”成功发射升空。遗憾的是，由于途中变轨失败，“福布斯-土壤号”和“萤火一号”坠落到地球大气层中，完全被烧毁。

在此之前，我们的自主火星探测计划已再次被提上日程，国防科工局于2010年开始组织更全面、更细致的论证工作，并于2014年9月对外宣布，正式启动我国首次火星探测工程的预先研究和关键技术的攻关工作。2016年1月，我国首次火星探测工程的综合立项报告获得国家批准，标志着我国首次火星探测工程正式实施。我国首次火星探测任务于2020年实施。我认为，这是中国首次自主火星探测。

“天问一号”火星探测器

火星是离地球较近且与地球环境最为相似的星球，火星已成为月球之外人类探测的首选目标。按照“一步实现绕、落、巡，二步完成取样回”的发展思路，火星探测器（包括环绕器、着陆平台、火星巡视器）于2020年7月发射升空。

北京时间2020年7月23日12时41分，“天问一号”探测器在海南文昌发射场，由“长征五号”火箭成功发射升空，直接发射至地球-火星转移轨道。随后在地面测控系统的支持下，通过1次轨道机动和4次中途修正，探测器在近火星点实施制动。“天问一号”于2021年2月10日0时08分被火星“俘获”，进入环绕火星的椭圆轨道运行。

2021年5月15日，“天问一号”运行到选定的进入窗口，探测器进行降轨控制与停泊，释放着陆平台着陆火星表面。火星轨道器（即火星探测卫星）继续绕火星运行，经过多次变轨，进入环绕火星的工作轨道，开展全球性与综合性的科学探测。

“天问一号”探测器成功发射

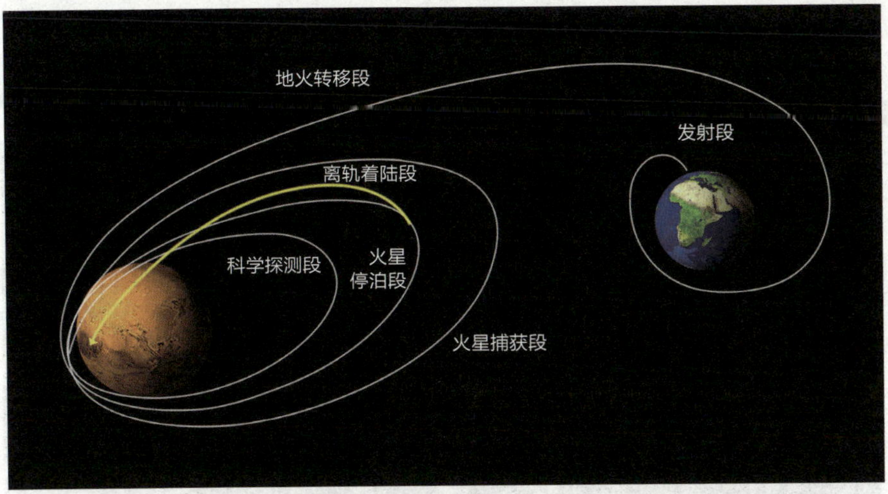

“天问一号”到达火星开展科学探测需要经历探测器发射段、地火转移段、火星捕获段、火星停泊段、离轨着陆段和科学探测段

被释放的着陆平台进入火星大气层后，通过气动减速、伞降减速和动力减速等实现软着陆火星表面。火星巡视器与着陆平台分离，巡视器（火星车）从着陆平台平稳走向火星表面，对着陆区进行精细巡视勘测。

“天问一号”的探测任务包括环绕器的全球性、综合性探测，巡视器的区域精细勘测，以及全球性与区域性探测相结合的联合探测；环绕器还将为巡视器提供中继通信链路。中国现成为第二个实现在火星表面开展巡视探测的国家。中国首次自主火星探测技术能力的突破与提高，以及技术特色的形成，将为我国今后的深空探测奠定坚实的基础。

“天问一号”探测器

“天问一号”着陆平台降落火星表面

“天问一号”拍摄的高清火星影像图

中国首次自主火星探测的科学探测任务

围绕人类对火星的已有认识，及当前存在的一些重大科学问题，同时为了深化对火星形成与演化过程的认识，结合我国空间探测的技术能力，中国火星探测工程总体提出了2020年发射“天问一号”火星探测器的五项科学目标：

第一，研究火星形貌与地质构造特征及其变化。探测火星全球地形地貌特征，获取典型地区的高精度形貌数据，开展火星地质构造成因和演化历史研究。第二，研究火星表面土壤特征与水冰分布。探测火星土壤种类、风化沉积特征和全球分布，搜寻水冰信息，开展火星土壤剖面分层结构研究。第三，研究火星表面物质组成。探测火星表面各类岩石的化学成分，矿物组成与岩石类型及其分布特征，探查火星表面次生矿物的化学组成、分布特征与形成环境。第四，研究火星大气层、电离层及表面气候变化与环境特征。探测火星空间环境和火星表面气温、气压、风场，以及天气季节性变化规律研究。探测火星的电离层结构和成因研究。第五，研究火星物理场与内部结构。探测火星磁场特性，开展火星早期地质演化历史及火星内部质量分布和重力场研究。

为了发挥火星空间轨道器和火星表面巡视器（火星车）两种

<table>
<tr><th colspan="2">“天问一号”轨道器探测科学任务</th></tr>
<tr><th>探测科学任务</th><th>探测仪器配置（7种）</th></tr>
<tr><td rowspan="3">火星大气电离层分析及行星际环境探测</td><td>火星磁强计</td></tr>
<tr><td>火星离子与中性粒子分析仪</td></tr>
<tr><td>火星能量粒子分析仪</td></tr>
<tr><td>火星表面和地下水冰的探测</td><td>环绕器次表层探测雷达</td></tr>
<tr><td rowspan="3">火星土壤类型分布和结构探测</td><td>环绕器次表层探测雷达</td></tr>
<tr><td>火星矿物光谱分析仪</td></tr>
<tr><td>中分辨率相机</td></tr>
<tr><td rowspan="2">火星地形地貌特征及其变化探测</td><td>中分辨率相机</td></tr>
<tr><td>高分辨率相机</td></tr>
<tr><td>火星表面物质成分的调查和分析</td><td>火星矿物光谱分析仪</td></tr>
</table>

<table>
<tr><th colspan="2">“天问一号”巡视器探测任务</th></tr>
<tr><th>探测科学任务</th><th>探测仪器配置（6 种）</th></tr>
<tr><td>火星巡视区形貌探测</td><td>导航地形相机</td></tr>
<tr><td rowspan="2">火星巡视区表面元素、矿物和岩石类型探测</td><td>多光谱相机</td></tr>
<tr><td>火星表面成分探测仪</td></tr>
<tr><td>火星巡视区土壤结构（剖面）探测和水冰探查</td><td>次表层探测雷达</td></tr>
<tr><td rowspan="2">火星巡视区大气物理特征与表面环境探测</td><td>火星表面磁场探测仪</td></tr>
<tr><td>火星气象测量仪</td></tr>
</table>

“祝融号”火星车安全驶离着陆平台模拟图

探测方式的不同优势，它们被分别配置了不同的有效载荷（探测仪器）开展探测。

“天问一号”轨道器和巡视器分别具有全球性探测优势与区域性勘测优势，针对科学目标的要求，我们为它们配置了不同的探测仪器，前者为7台，后者为6台。

我们期待中国首次自主火星探测成功，全面完成科学探测目标和任务，持续推动中国深空探测的关键技术突破和技术研制能力的提高，促进月球与行星科学、太阳系演化学的创新发展。

十三

向太阳系的星辰大海挺进

当代人类的文明进步程度和深空探测能力，仅能支撑人类对太阳系的探测。人类正在向太阳系的星辰大海进军，其特点为月球探测是起点，火星探测是重点，小行星探测是热点，木星与木星系统探测以及行星际穿越探测是亮点。在2035年以前，中国将实施火星探测与火星采样返回，近地小行星与小行星带的小行星探测和彗星探测及其采样返回，木星与木星的卫星系统探测和太阳系行星际空间穿越探测，这些探测将能极大助力我国基本实现社会主义现代化。中国还在规划继续向太阳系的星辰大海挺进，中国航天事业将为富强民主文明和谐美丽的社会主义现代化强国的建成，为“两个一百年”梦想的实现做出伟大贡献！

当代的深空探测是太阳系探测

半个多世纪以来，人类持续开展了水星、金星、火星、木星、土星、天王星、海王星、矮行星、小行星与彗星和太阳系行星际空间的穿越探测。美国于 1977 年发射的“旅行者 1 号”已经飞离地球大约 200 亿千米，却只飞行了太阳系半径千分之一的距离。

根据各种版本的天文学百科全书和天文学教程，太阳系的半径为 10 万 ~ 20 万个天文单位。天文单位是指地球与太阳的平均距离，约 1.5 亿，即太阳系的半径为 15 万亿 ~ 30 万亿千米。在银河系中，太阳与邻近的恒星“比邻星”的距离是 4.2 光年，大约 40 万亿千米，太阳系的半径接近 20 万亿千米。根据人类当前的航天技术，探测器以第三宇宙速度飞行，飞出太阳系大约需要 3 万年。

人类一直在尝试离开自己的摇篮——地球，持续向遥远的深空探索，向太阳系的星辰大海挺进。

由于基础薄弱，中国的太阳系探测起步较晚。1970 年，中国成功发射了“东方红一号”人造地球卫星，后来在卫星应用和载人航天等领域取得飞速发展和傲人成就，并在此基础上实施了以“绕、落、回”为主线的月球探测工程。自 2007 年以来，中国已成功发射了“嫦娥一号”“嫦娥二号”“嫦娥三号”“嫦娥四号”和“嫦

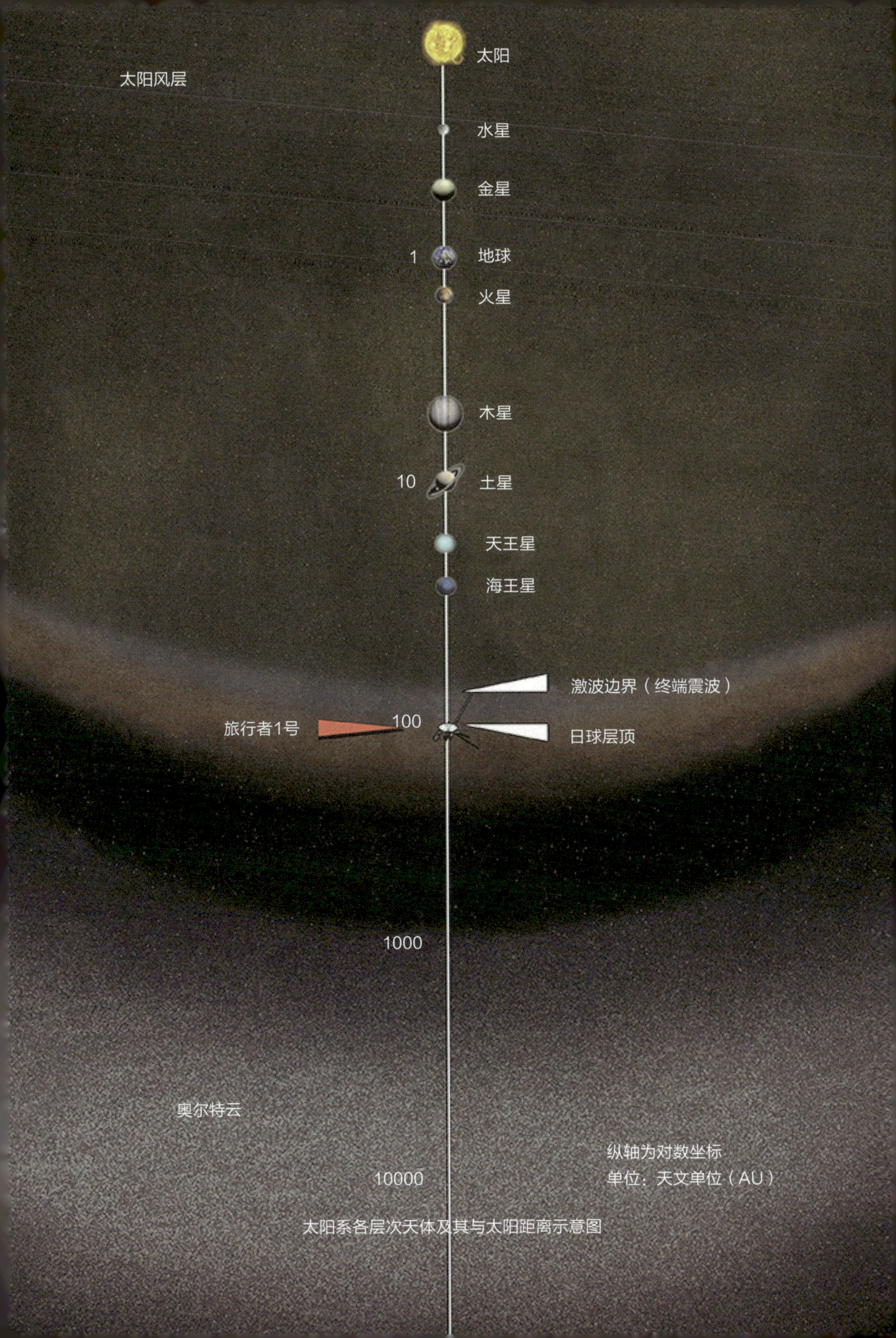

太阳系各层次天体及其与太阳距离示意图

娥五号”，取得了一系列重大的、创新性的科学探测成果。

月球探测是起点，火星探测是重点，小行星探测是热点，木星与木星系统探测是亮点。中国已经进入深空探测的新阶段。

10年内中国太阳系探测初步设想

围绕太阳系的起源、演化、现状与未来的探测及研究，小天体活动和太阳爆发对地球的影响与规避，地外生命信息探寻和太空资源、能源与环境的开发利用等重大科学问题，未来10年中国将开展太阳系的类地行星、巨行星、小天体和行星际空间穿越探测。这一系列探测工程将有望突破深空探测共性核心技术，引领智能化、信息化技术的发展，打造探测太阳系的工程能力，形成探测太阳系各层次天体的技术基础；也将带动我国空间探测相关学科的进步，培育提出和解决重大科学问题的能力，从而进一步加深我国对太阳系的认识，提升深度进入太阳系空间和开展开发利用太阳系空间资源、能源和环境的能力，为人类社会的持续发展做出中华民族的重大贡献。

根据无人月球探测的“绕、落、回”发展战略，“嫦娥五号”着陆月球正面风暴洋西北部新区，采集具有重大科学意义的岩石、土壤样品，返回地球。科学家正在开展系统性和创新性的分析、测试、研究，这对理清月球演化、岩浆活动、环境变化具有重大科学意义。“嫦娥六号”将着陆月球南极或月球背面采样返回。

在完成“绕、落、回”无人月球探测阶段后，我国将于2030年前建立“月球科研站（基本型）”，攻克科研站关键技术，提升月面科学考察和资源应用试验研究能力，使科研站逐步形成配套齐全、功能多样的月面科学考察和资源利用试验基地。

2020年，中国实施首次自主火星探测，2030年前将完成火星采样返回。人类已经在地球上发现了270多块火星陨石，通过研究火星陨石的化学成分、矿物组成、岩石类型、结构构造、生命物质和生命存在形态、岩浆与火山活动、形成年龄，科学家可以为火星演化过程中的重大事件提供重要科学证据。但是，如果不知道火星陨石的原产地，人类将难以了解火星不同区域的演化过

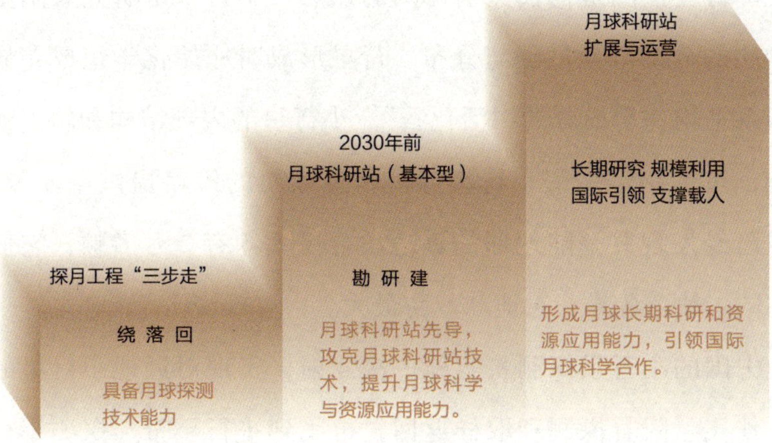

中国月球探测发展规划

程。因此，科学家希望实现火星采样返回。

中国在实现“嫦娥五号”月球采样返回及已取得的 2021 年火星探测器成果和技术能力的基础上，将开展火星采样返回。预计火星采样返回的过程大致包括两大阶段：其一，火星着陆组合体发射，着陆在预先选定的火星着陆点，进行自动钻孔钻取岩芯，利用电铲铲取火星土壤样品，封装后保存在样品返回舱内。上升器携带返回舱离开火星表面。其二，绕火星运行的轨道器组合体发射，轨道器在绕火星运行过程中，与携带样品返回舱的上升器交会对接，轨道器携带返回舱进入火星–地球转移轨道。到达地球上空后，轨道器分离返回舱，返回舱重新再进入地球大气层，软着陆地面。火星样品到达地面，被分装后，供各实验室开展分析、测试与研究。

小行星探测是当代深空探测的热点。小行星是研究太阳星云内物质的分馏凝聚过程与分布、行星形成时原始化学组成差异和太阳系平均化学成分的“活化石”。小行星的内部结构和轨道演变研究，可为制定缓解小行星撞击地球威胁的策略提供重要依据。人类已经发现并登陆地球的近地小行星大约有 2 万多颗，它们大小不同、轨道各异，对地球威胁最大。

中国的小行星探测将实施一次发射，实现对近地小行星的绕飞、伴飞、附着探测和取样返回，再飞到小行星带，探测小行星带内稀少的彗星。

中国的近地小行星探测已经选定探测 2016HO3 近地小行星，它是一颗新近发现的地球准卫星。小行星探测器将探测 2016HO3 近地小行星的形貌、表面物质组分、内部结构，获取小行星样品背景信息；测定 2016HO3 近地小行星的轨道参数、自转参数、形状大小和热辐射等物理参数，研究地球准卫星的轨道起源与动力学演化。然后，探测器将附着在小行星表面进行取样，样品返回舱由小行星探测器携带返回。

小行星探测器飞向小行星带的过程中，将经变轨临近地球，小行星探测器与样品返回舱分离，样品返回舱安全软着陆地面。小行星探测器将通过地球借力和火星借力继续飞向太阳系的小行星带。

小行星带内中国选定的探测目标是 133P 彗星，将测定小行星主带里彗星的轨道参数、自转参数、形状大小和热辐射物理参数，研究主带彗星的轨道起源及其动力学演化；将探测小行星带内 133P 彗星的形貌、表面物质组分、内部结构、空间环境，以及可能的水和有机物等信息，获取太阳系早期演化信息，以备研究小行星带内彗星的形成和演化、气体活动机制，为太阳系的起源与演化探究提供重要线索。

木星是太阳系质量和体积最大的行星，木星系有 79 颗卫星。人类的木星探测，将通过两次地球借力和一次金星借力实现，木星探测器大约需飞行 6 年，才能到达木星开展环绕探测。木星环绕探测的任务包括探测木星极光的多波段光谱特性，以及木星大气的成分和结构变化。随后探测器将飞往木卫四，实施环绕探测，探测木卫四空间环境、表面特征和内部结构，探究可能存在生命的重大科学问题。

在实施上述任务时，探测器实际上已经经历了从金星到木星之间的行星际空间和木星系空间的穿越探测。探测器将探测行星际空间的太阳风和磁场特征，探测木星系空间的磁场强度、等离子体和粒子分布。

为完成上述任务，我国首先要突破“远距离、长寿命、新能源、自主管控”等相关技术，这将有力地推动中国探测太阳系星辰大海的航天技术的发展。

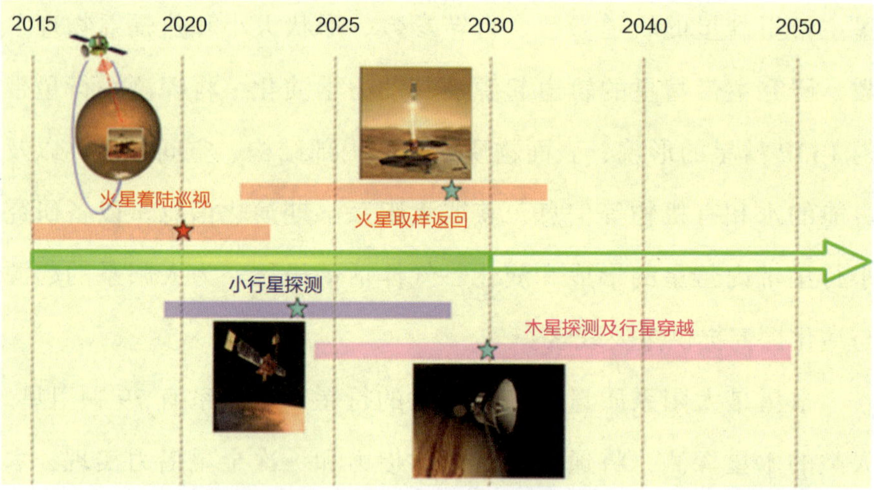

中国的火星、小行星、木星系与太阳系行星际探测的设想示意图

太空资源开发利用

当前国际太空资源的“淘金竞赛”已经开始。美国国会通过的《美国商业太空发射竞争法案》，鼓励美国私人企业进行太空资源开发。2016年，卢森堡出台了《太空资源开发与利用法》，保障私人企业开采太空资源的权利，即谁开采，物质就归谁。中国航天科技集团公司已向媒体宣布，中国将在21世纪中叶建立“地－月空间经济区”，开发利用月球和太空资源，预计每年的产值将达10万亿美元。

太空资源一般分为矿产资源、能源和环境资源三种类型，其开发利用，将对于支持人类社会的持续发展发挥重大作用。

首先，矿产资源能否实现利用，需根据资源的品位、储量、产状和开发技术条件进行评估，如人类对小行星的贵金属与特种金属，以及月球克里普矿物中的稀土元素、铀和钍等的开采利用。美国计划开采“神灵号”小行星，其中铂族元素等贵金属的产值相当于全球的GDP。

其次，在能源方面，月球表面太阳能发电可供月球基地和地球上人类社会永续利用。人类可在月球赤道建设一条太阳能发电板，将由机器人利用月球土壤通过3D打印制造并铺设，发电板长

11000千米，宽400千米。太阳能发电向地球传输已没有技术难题，如果此项应用实现，人类的子孙万代将不再需要其他能源。“嫦娥一号”对月球表层月壤中氦-3含量与分布的探测表明，月球表层月壤中氦-3的资源总量超过100万吨，在需要实现氘-氦-3核聚变发电的前提下，月球的氦-3资源可提供能维持人类社会持续发展1万年以上的核聚变发电的燃料。

再次，月球是人类探测飞向火星和小行星的前哨站与基地，美国计划在2024年实现载人登月后，利用月球空间站飞向火星与小行星。如果人类在月球南极地区建设激光或微波武器的军事基地，仅需1.3秒即可毁灭地球空间和地球表面的各种军事设施。由于月球的一个昼夜相当于28个地球日，日夜温差巨大，且月球表面环境为超高真空，没有大气活动、偶极子磁场、磁层屏蔽，宇宙辐射强，科学家可以利用月球的特殊环境研制新型材料，开展天文观测和地球环境变化监测。人类还能开展载人绕月飞行旅游等。

十四 让梦想远航

我深深地感受到，是国家的发展、民族的振兴、国家的重大需求引领、培育我成长。我有幸生活在这个伟大的时代，发自内心地感恩伟大的祖国。我要继续为中华民族的伟大复兴而拼搏，为把我国建成富强民主文明和谐美丽的社会主义现代化强国贡献全部力量。老骥伏枥，奋斗终生！

梦想是多么神奇啊！它是生命的水，给人希望润物无声；它是春天的绿，娇嫩鲜艳充满生机；它是五彩的笔，描绘出多姿的未来。梦想的力量是无穷的！

梦想不仅仅是一种信念，更是动力的源泉。一个人如果拥有梦想，无论前方有多少艰难险阻，他都能冲破层层困难，付出汗水、努力，最终到达幸福的彼岸。

亲爱的青少年朋友，你们正处在学习文化、积累知识、培养兴趣的求学时期，你们含苞待放，风华正茂。希望你们打好坚实的基础，胸怀大志，不负年华，报效祖国。

“青春由磨砺而出彩，人生因奋斗而升华”。我真诚地期盼你们，热爱科学，追求真理；吸收、掌握、运用、传承人类文明和科技发展积累的伟大成就；扎扎实实，攻坚克难，稳步前行，攀登高峰。祝福你们仰望星空，脚踏实地，上下求索，践行理想，为中华民族伟大复兴，为把我国建成伟大的社会主义现代化强国，奋斗终生！

欧阳自远简历

1935 年 11 月 4 日
出生于江西吉安

1941~1946 年
江西吉安永阳镇小学、兴国县培源小学、永新县小学学生

1946~1949 年
吉安阳明中学、江西永新中学学生

1949~1952 年
江西永新中学学生

1952~1956 年
北京地质学院勘探系学生

1953 年 3 月 5 日
加入中国新民主主义青年团（后更名为中国共产主义青年团）

1956 年 2 月 7 日
加入中国共产党

1956 年 6 月
获北京地质学院“优秀”毕业文凭

1956 年 6 月 ~1957 年 3 月
北京地质学院矿物教研室助教、拉蒂斯教授的地球化学副博士研究生

1957~1960 年
中国科学院地质研究所涂光炽研究员的矿床学副博士研究生

1960~1966 年
中国科学院地质研究所助理研究员

1966~1978 年
中国科学院地球化学研究所副研究员、研究员、研究室主任

1979 年
中国矿物岩石地球化学学会副理事长、理事长、名誉理事长

1979~1993 年
中国科学院地球化学研究所副所长、所长

1980~1981 年，1983~1984 年
德国马普核物理研究所客座研究员

1990~1993 年
中国科学院资源环境科学局局长兼地球化学研究所所长和广州地质新技术所所长

1991 年
当选中国科学院学部委员（后更名为中国科学院院士）

1992~2001 年
贵州省人大常委会副主任、党组成员兼财政经济委员会主任委员与环境资源委员会主任委员

1994 年 3 月 ~
贵州省科学技术协会主席、荣誉主席

2003 年
当选第三世界科学院（后更名为发展中国家科学院）院士

2003 年 ~
中国科学院国家天文台高级顾问

2003~2009 年
中国探月工程科学应用首席科学家

2007 年
当选国际宇航科学院院士

2009 年 ~
中国探月工程领导小组高级顾问

2017 年 ~
中国科学与艺术委员会执行主席